DA LAMA AO CAOS
Chico Science & Nação Zumbi

Lorena Calábria

DA LAMA AO CAOS

Chico Science & Nação Zumbi

Cobogó

SUMÁRIO

Sobre a coleção **O LIVRO DO DISCO**   7

Agradecimentos   9

PARTE 1   11

Sexta sem sexo | Diversão levada a sério | "Eu levo a toalha" | O batuqueiro do birô | O louco das ideias, o marginal da música | De rolê em São Paulo | No Oásis com o Ira! | O cientista dos ritmos | Uma demo para Nick Cave | "Não vou tocar samba-reggae nem fudendo" | A tese do psycho-samba | "Não tem jazz, mambo, soul? Então vou fazer Mangue!" | Quem botou o beat no mangue? | (Des)organizando o movimento | Um barão e um paralamas no QG do Mangue | O apartamento de Nara Leão | "Que roupa ridícula da porra!" | De marmita no Abril Pro Rock | "Estamos indo pra guerrear" | Pau-do-índio na Manguetour | "Chico cagou na minha cabeça" | Chico Salles em BH | A volta por cima | Abuse e use | Chama o Lima | Gol no primeiro chute | Que venha a tempestade | A antena fálica do caranguejo | De andada pelo Rio de Janeiro | Mudar de lugar ou mudar o lugar?

PARTE 2   117
Da lama ao caos – faixa a faixa

PARTE 3   183
Da lama para o mundo | Arte longa, vida breve

Referências bibliográficas   205

Sobre a coleção O LIVRO DO DISCO

Há, no Brasil, muitos livros dedicados à música popular, mas existe uma lacuna incompreensível de títulos dedicados exclusivamente aos nossos grandes discos de todos os tempos. Inspirada pela série norte-americana 33 ⅓, da qual estamos publicando volumes essenciais, a coleção O Livro do Disco traz para o público brasileiro textos sobre álbuns que causaram impacto e que de alguma maneira foram cruciais na vida de muita gente. E na nossa também.

Os discos que escolhemos privilegiam o abalo sísmico e o estrondo, mesmo que silencioso, que cada obra causou e segue causando no cenário da música, em seu tempo ou de forma retrospectiva, e não deixam de representar uma visão (uma escuta) dos seus organizadores. Os álbuns selecionados, para nós, são incontornáveis em qualquer mergulho mais fundo na cultura brasileira. E o mesmo critério se aplica aos estrangeiros: discos que, de uma maneira ou de outra, quebraram barreiras, abriram novas searas, definiram paradigmas — dos mais conhecidos aos mais obscuros, o importante é a representatividade e a força do seu impacto na música. E em nós! Desse modo, os autores da coleção são das mais diferentes formações e gerações, escrevendo livremente sobre álbuns que têm relação íntima com sua biografia ou seu interesse por música.

O Livro do Disco é para os fãs de música, mas é também para aqueles que querem ter um contato mais aprofundado, porém acessível, com a história, o contexto e os personagens ao redor de obras históricas.

Pouse os olhos no texto como uma agulha no vinil (um cabeçote na fita ou um feixe de laser no CD) e deixe tocar no volume máximo.

Agradecimentos

Para Chico, eternamente vivo.

A Louise França, Goretti França, Dona Rita França, Lúcio Maia, Jorge du Peixe, Alexandre Dengue, Toca Ogan, Gilmar Bolla 8, Pupillo, Helder Aragão (DJ Dolores), Hilton Lacerda, Renato L., H.D. Mabuse, Fred Zero Quatro, Otto, Fábio Trummer, Paulo André Pires, Liminha, Chico Neves, Jorge Davidson, Alice Pellegatti, André Jung, Nasi, Maurício Valladares, BNegão, Gustavo Black Alien, Marcelo D2, João Barone, Dé Palmeira, Roger de Renor, Stela Campos, Cadão Volpato, Thomas Pappon, Ricardo Salvagni, Maria Duda, Xico Sá, Marcelo Rubens Paiva, Alexandre Rossi, Ronaldo Pereira, Kassin, Edu K, Rodrigo Brandão, China, Douglas Germano, Helga Simões, Ivana Diniz, André Vaisman, Pedro Só, Camilo Rocha, Tom Leão, Carlos Albuquerque, Rafael Ramos, José Teles, Marcelo Pereira, Bia Abramo, Alex Antunes, Zé Maria, Ivi Brasil, Cleodon Coelho, Walter de Silva, Paula Cesarino Costa, Renato Muñoz, Lírio Ferreira, Barro, Karina Buhr, Eduardo BiD, Béco Dranoff, Arto Lindsay, Gilberto Gil e Kleber Mendonça Filho.

A Carlos Eduardo Miranda e Marcelo Yuka (*in memoriam*).

A Isabel Diegues, Mauro Gaspar, Fred Coelho e toda a equipe da Cobogó.

A Maurício, Dora e Catarina.

PARTE 1

O acaso é o grande senhor de todas as coisas.
A necessidade só vem depois. Não tem a mesma pureza.
— Luis Buñuel

1. Sexta sem sexo

O casarão de três andares fica na zona portuária. O endereço constava no cartaz. Nem precisava. Qualquer morador da cidade saberia apontar o caminho. Estranho era acontecer ali uma festa. "Uma festa privada?", indaga um senhor na portaria, incrédulo diante da mudança na rotina do lugar. "E agora, o que eu faço? Eu só tenho folga a cada 15 dias. Não vou 'peiar' hoje?"

Foi-se embora, resignado, deixando um rastro de perfume que se esgueirou pelas escadas. É preciso vencê-las para alcançar o terceiro e último andar. E somente o último andar estava reservado para essa noite. Todo aquele piso de madeira, balcão de madeira e vigas e batentes. Couro vermelho no sofá. Boias e cordas pelas paredes. Tem um quê de clube náutico, o salão. Gasto pelo tempo, o mesmo tempo que lhe confere o charme errante.

De Marvin Gaye a Einstürzende Neubauten, um sortimento de estilos musicais filtrados em contendas calorosas jorra agora pelos alto-falantes. Entregues à pulsação, rapazes e moças alternam movimentos ora frementes, ora ondulantes. Eis o êxtase coletivo de uma pista de dança – o hedonismo sonoro.

Era sexta-feira. E sexo não tinha. "Sexta sem sexo."

Adília, a dona do pedaço, olha de soslaio a caixa registradora do bar e sorri. Os quartinhos do segundo andar permaneceram fechados. Naquela noite, excepcionalmente, as meninas não trabalharam. São seis horas da manhã. O assoalho vibra. A carne treme. O sol já vai raiar. Estamos no Adília's Place, um puteiro do Recife. E aqui começa o Manguebeat.

2. Diversão levada a sério

Exceto pelo fato de que nunca estive no Adília's Place, é tudo verdade. Eu procurava a gênese da cena. O início do arco que daria no disco *Da lama ao caos*. Cheguei ao puteiro tomada pelas lembranças dos entrevistados. Foram várias "visitas" ao Adília's, quase uma realidade virtual, tamanha a nitidez dos relatos que ouvi. A evocação do Recife daquele período, como no poema de Manuel Bandeira, é de um "Recife morto, Recife bom". Época imprópria, em que nada acontecia. Final dos anos 1980, vida cultural estagnada, nenhuma promessa no horizonte. Ou você ia a um bar ouvir as mesmas músicas que martelavam nas FMs ou se imbuía do lema punk "do it yourself" e produzia suas próprias festas.

Chico, antes de adotar o Science, estava lá. Vejo uma foto que flagra o rapaz na pista de dança do Adília's. Magro, estatura média, na faixa dos 20 e poucos, fitando a câmera, fazendo pose. Veste calça e camisa em tons neutros – discrição antagônica ao visual que criaria mais tarde. O sorriso, porém, é reconhecível. Com todos os dentes à mostra, aquele sorriso de euforia a estampar no semblante o que repetiria infinitas vezes, tal qual um bordão: "diversão levada a sério".

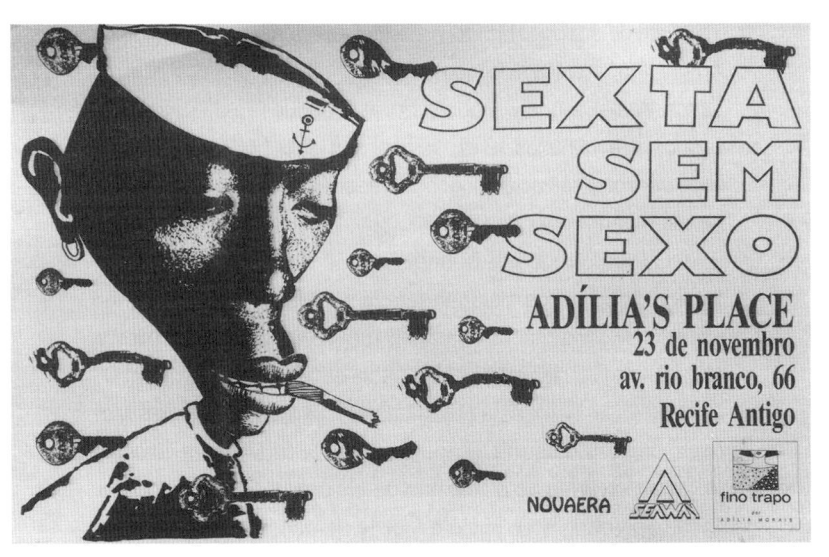

Cartaz da primeira festa da cena Mangue, com arte de Helder Aragão (DJ Dolores).

Que a "Sexta sem sexo" foi a "primeira festa Manguebeat" não há dúvida. Simbolicamente, é o marco inicial não só por reunir seus articuladores e muitos agregados, mas também por contar com dois elementos fundamentais para o futuro movimento: diversidade musical e espírito colaborativo.

O fato de ser num puteiro na zona portuária diz muito sobre a vontade de mudar a relação com a cidade. Ocupar lugares alternativos era questão de sobrevivência e não de exotismo. O Adília's Place já era famoso no Recife Antigo. É possível que até Orson Welles tenha visitado o bordel em sua rápida passagem pela cidade nos anos 1940. No final dos anos 1980, era frequentado por marinheiros e antigos clientes. Às vezes, apareciam uns rapazes para beber cerveja.

"O lugar ainda era bonito. E era o que dava para pagar. Fomos os primeiros a alugar para festa. Mas a negociação não foi fácil. Tivemos que colocar mais grana que o normal", recorda Helder Aragão, designer gráfico, hoje mais conhecido como DJ Dolores. Com o roteirista Hilton Lacerda formou a Dolores & Morales, dupla que assina a capa e o encarte de *Da lama ao caos*.

Adília, a dona do *place*, não queria confusão no seu bordel. O casarão abrigava o salão e a pista de dança no topo. No segundo pavimento ficavam as meninas. "Nessa noite, vou fechar os quartinhos." A decisão preventiva acabou inspirando o nome da festa: "Sexta sem sexo." Apropriado e chamativo o bastante para figurar nos cartazes feitos por Helder Aragão.

Além de juntar amigos para ouvir música e dançar, a festa de estreia no Adília's tinha um propósito: angariar fundos para uma amiga que estava de partida para a Bélgica. "Era minha irmã, Alessandra", revela Romário, dando-se conta de que a vaquinha tinha relação com seu futuro. Ele próprio – "o moleque

que andava com os amigos da irmã" – ocuparia mais tarde, já como Pupillo, o posto de baterista da Nação Zumbi.

Seguindo a cartilha da cooperativa, todas as tarefas eram divididas e revezadas durante a noite. Enquanto um ficava à porta, outro controlava a bilheteria e um outro, o som. Sem grana para bancar equipamento, se viravam com o que tinham. "Gravávamos fitas cassetes, inicialmente tocadas no play e pronto. E no Adília's tinha uma maluquice: o DJ da casa tocava com um toca-discos, mixer e um aparelho de rádio! Então uma das músicas sempre era na sorte. O que estivesse tocando no rádio na hora", conta H.D. Mabuse. Webdesigner e músico, era o mais ligado em novidades tecnológicas, o que lhe valeu o cargo de "Ministro da Tecnologia" do Manguebeat.

A discotecagem podia ser tecnicamente mambembe, mas a seleção musical dava um trabalho danado. E aqui entra outro fundamento que irá alicerçar o Manguebeat: o debate. Tudo era muito discutido e com a playlist não seria diferente. "Todo mundo era DJ e a gente se reunia para decidir o que tocar. Era coletivo e era uma briga boa", diverte-se DJ Dolores.

Chico frequentava as festas como dançarino contumaz, o que servia também para ampliar seu arquivo de referências musicais – tão extenso como as margens do Capibaribe. "Tocava-se de tudo. Podia começar com Marvin Gaye e terminar, às sete da manhã, com os raios do sol iluminando a decoração maravilhosa do Adília's ao som do Neubauten", rememora o jornalista Renato Lins, o Renato L., "Ministro da Informação" do Manguebeat. Segundo ele, a inspiração vinha de outra cena. "Quase nunca se destaca isso, quando se analisa o Manguebeat, mas a gente era louco por aquela cena de Madchester, acid house, o álbum *Screamadelica,* do Primal Scream... Todo mundo daquele núcleo-base se lixando pro grunge. Nossa ideia de rave era aquelas festas." Entenda por núcleo-base: Renato L., H.D. Mabuse, DJ Dolores, Fred Zero Quatro e Chico Science – os mentores da cena que gerou o movimento.

Para apaziguar os temores de Adília, a "Sexta sem sexo" deu certo. Com a grana do bar, pagou-se o prejuízo dos quartos. Ela passou a confiar mais na organização daquela garotada; tanto que rolaram outras festas nesse mesmo esquema. "Entrada, divulgação, bilheteria, era tudo por nossa conta e risco. Não tinha segurança", garante Renato L., que certa vez teve de encarar marinheiros russos – nem um pouco festivos. Era noite de réveillon e os russos não estavam nem aí para a "Sex Machine" que James Brown tonitruava pelos alto-falantes do Adília's. Queriam era sexo mesmo. "Renato estava na bilheteria nesse dia. Não falava inglês, muito menos russo", conta DJ Dolores, lembrando que a perestroika tinha acabado de acontecer. "Os russos estavam loucos pra transar com as meninas e foram ficando irritados. Aí um deles puxa um sinalizador e aponta pra cara do Renato: 'You fucking communist.'"

Nem todo marinheiro se revoltava com a falta de programa. Alguns entravam na onda da festa e se misturavam com o público, formado também por pessoas ligadas às artes plásticas, moda e cinema. Aos poucos, as festas foram tomando conta da cidade, mantendo como característica "a mistura de gente e a renovação de lugares fora do circuito padrão", como ressalta Mabuse. Para Renato, "as festas marcaram o início de uma cooperação que amadureceria no Manguebeat. E também sintetizavam uma espécie de 'espírito de época', uma atmosfera presente em todo o período do movimento". De início, a ideia de organizar um movimento nem sequer foi ventilada. A cena que iria se desenvolver a partir daí foi chamada de Cooperativa Cultural ou, ainda, cena Mangue.

"Pela primeira vez, tinha um monte de gente se juntando para espalhar cartazes, agitar um lugar para tocar, divulgar as festas. Vi o discurso das pessoas que faziam música mudar. Antes, era só reclamação", diz Pupillo, sobre o efeito contagiante do momento. Era inevitável o surgimento de novas bandas, agora voltadas para a música autoral, e não mais bandas para tocar covers. Mais uma vez, as festas reafirmavam sua importância ao favorecer a aproximação de pessoas com a mesma afinidade musical. "Muitos integrantes se conheciam nessas festas", explica DJ Dolores. "Falo de 89, em Recife. Conseguir disco importado era um problema. Se tem outro maluco que gosta disso também, vamos formar uma banda."

Olinda não assistiu a toda essa movimentação passivamente. De forma simultânea, e não excludente, a vizinha acompanhava os novos ventos. "Olinda e Recife sempre foram como uma única cidade no que diz respeito à cena", atesta Fábio Trummer, líder da banda Eddie, em atividade desde 1989. "Era comum as bandas serem formadas por membros das duas cidades."

"Eu diria que a cena Mangue começa como uma cena de DJ, de *selector*, e passa por uma evolução natural, que seria compor, tocar música ao vivo", sintetiza DJ Dolores. Discotecar e montar banda não era exatamente uma novidade para Chico. Mas quando a cena floresce, é nesse terreno fértil que suas ideias avançam. O espírito coletivo, o desejo de mudar a cidade, a pluralidade musical e até o uso de samples foram semeados naquelas primeiras festas e, anos depois, reverberaram no *Da lama ao caos*.

3. "Eu levo a toalha"

Água! Muita água! Estão limpando a caixa-d'água do prédio. Antes de tudo, a caixa tem de ser esvaziada. Uma inesperada cascata despenca lá do alto – não tão alto assim, pois a construção tem só três andares. É a quantidade de água, de uma só vez, que ganha força. E lá vem ele, o aguaceiro. Água! Muita água!

Goretti França já estava ciente da rotina do prédio onde morava com seu irmão mais novo, Francisco, ali na rua 48, no Espinheiro. "Um predinho antigo que mais parecia uma casinha. Chiquinho era encantado pelo lugar." Naquele dia, chegando em casa depois do trabalho, Goretti parou por alguns segundos e ficou apreciando aquela grande cortina de água que descia das telhas. E, de repente, veio um desejo. Abriu a porta de casa e disse para o irmão: "Você viu que maravilha? Me deu vontade de tomar banho nessa água..." "Eu levo a toalha!", disparou Chico, dissipando qualquer dúvida.

Ainda que as velhinhas do prédio pudessem achar aquilo – tomar banho de roupa – muito estranho, Goretti não pensou duas vezes. Diante daquele incentivo, seguiu sua própria conduta. E lá foram os dois se banhar na torrente vertical. A toalha, na mão de Francisco. O sorriso, no rosto de Goretti. A cortina de água coroando a cumplicidade dos dois irmãos.

Vejo agora o mesmo sorriso iluminando o rosto de Goretti enquanto relembra esse dia. "Eu levo a toalha", repete ela. "Para você ver quanto ele era livre." Estávamos a falar de como seu irmão se atirava em absolutamente tudo na vida. Das situações mais prosaicas até as empreitadas musicais, Chico estava sempre "muito inteiro, todinho ali".

Quero saber de onde vem essa impetuosidade de Chico. Já era assim desde moleque? "Um outro irmão, o Jamesson, colocava som em festas e Chiquinho vivia pedindo para ir junto. Chegava a chorar. De tanto implorar, levaram. Aí foi ficando tarde e ele começou a chorar de sono. Era uma criança ainda, tinha uns 11, 12 anos", conta Goretti.

Ainda não era hora de festa. Chico era o caçula de uma família de quatro irmãos; uma irmã e mais dois homens. Quatro anos mais velha, Goretti não chegou a acompanhá-lo nos bailes da adolescência. Seria verdade que Chico pegava caranguejos para vender e conseguir um troco para pagar a entrada? "Na nossa condição, não tinha dinheiro para os meninos irem aos bailes. A gente morava perto de um manguezal enorme, todos pescavam, criavam, vendiam. Os mais velhos, sim. Chico não tinha idade pra isso. Se fez, foi pontual. Era tão perto que, às vezes, no meio da rua tinha caranguejo. Tudo isso era inspirador."

Chico falava de sua vivência no mangue em entrevistas, mas pouco sabemos sobre sua iniciação musical. De onde teria vindo o interesse? Quando criança, em que situações travou contato com ciranda, coco, cavalo-marinho, maracatu?

"A gente era muito musical em casa. A minha avó materna, que criou a gente, de certa forma, cantava umas cantigas em ritmo de coco. Meu avô era muito festeiro, trazia cantores, violeiros para casa. Lembro também das férias no interior. Em Surubim, no agreste, tinha um ritmo específico de coco, chamado bolinha, mais rápido. E antes de Rio Doce, fomos para Paulista, que é uma região metropolitana de Recife. Chico devia ter 4 anos. Todo fim de semana tinha ciranda na frente de casa."

Goretti havia recebido minhas perguntas previamente, "para ir refrescando a memória". Ela vai seguindo minha pauta com dedicada atenção, como se fosse um procedimento médico – o que me remete à sua formação, enfermagem.

Quando criança, ele tinha uma curiosidade além do normal? "Sim, Chiquinho sempre foi muito curioso. Por exemplo, adorava cinema. Entrava no São Luiz, mexia no lixo e voltava com pedacinhos do filme. Ia com um amigo, companheiro de infância, antes dos da música, o Aderson. Não sei como ele conseguia. Só sei que colava os pedacinhos de filme e ficava vendo as figuras emendadas. Devia ter uns 12 anos."

Colagem. Podia ser só brincadeira de criança. Ou, nesse caso, o processo criativo que marcaria a expressão artística de Chico – seja musical, visual, seja até corporal.

E Chico na escola, era que tipo de aluno? Teve interesse por alguma faculdade? Não imagino Chiquinho sentado, anotando tudo, comportadinho. Goretti assente com a cabeça, confirmando minha suposição. "Não, não era CDF. Era muito inquieto. Lembro de minha mãe contar que a professora a chamou na escola. Não era muito aplicado, mas nunca repetiu. Era agitado, isso sim. Fez até o segundo grau. No dia do vestibular, ele perdeu a hora. Acho que ia prestar para administração, mas não o via com nada ligado a isso."

Mas, Goretti, teu irmão era agregador, empreendedor, organizava o caos, se envolvia em todas as etapas, contagiava todo mundo, era um líder. Se isso não faz dele um grande administrador... "É verdade. Ele era uma liderança. Agora com você falando, tem tudo a ver. Na época, achava enfadonho pra ele. Lá em casa, com os meninos, era assim: fez 18 anos, vai trabalhar. Meu pai arrumou emprego para o Chico na Armazéns Coral, vendendo tinta. Eram mais cobrados por serem meninos; eu não sofri tanta pressão. Passei na Federal e era horário integral. Meu pai gostava que a gente estudasse, porque ele mesmo não conseguiu."

Francisco, o pai, veio com o irmão para a cidade, trabalhou em plantação de cana-de-açúcar e foi servente de hospital. Ali, sua vida começa a mudar: "adotado" pelas freiras, passou a morar com elas, que botaram o rapaz para estudar. Depois do clássico, cursou o técnico de enfermagem, que o inseriu no mercado de trabalho. Mas queria mesmo era ser advogado. Adorava ler e a poesia habitava sua casa.

Os ritmos da infância, as cantigas da avó, a poesia do pai. Chico pode ter herdado um pouco de cada. Ou foi assimilando em cada fase da vida. Goretti completa: "Ele já tinha essa parabólica. Minha mãe, Rita, era muito criativa. Dona de casa e costureira. Era nosso sustento também. Não aprendeu na escola nem nada, e costurava para noivas. A gente era pobre. Meu pai trabalhava muito no hospital, talvez não tivesse pronto para ser pai. E estava sempre com um livro na mão; vários anos tentando passar no vestibular. Depois desistiu. Quando o filho caçula nasceu, ele se identificou com o menino que tinha o mesmo nome dele. Ficou mais dedicado à casa. Meu pai estava mais livre pra amar. E Chico foi muito amado. Por todos."

Ao vasculhar as memórias familiares, Goretti identifica outro ponto relevante: "O discurso social que atravessa a obra de Chico tem a ver com meu pai. Era sindicalista, todo seu posicionamento político ia na contramão da ordem vigente. E trazia esse tom reflexivo pra dentro de casa." A atuação política de Francisco França, que chegou a ser vereador de Olinda, teria ainda aproximado Chico de Mestre Salustiano, rabequeiro pernambucano, profundo conhecedor da cultura popular. É o que pressupõe Goretti: "Nessa época, entre 82 e 86, meu pai tinha trânsito nas instituições com projetos sociais e deve ter travado conhecimento com Mestre Salu. Uma grande inspiração pra Chico nos seus 19, 20 anos. Aí veio a rabeca, e assim vai se formando o quebra-cabeça."

Só mais tarde Chico iria valorizar o maracatu e outros ritmos regionais. Quando adolescente, segundo sua irmã, ele estava mais interessado nos "ritmos universais". "A gente gostava de MPB e ele só falava de funk, hip hop, música afro, música de raiz negra. Me lembro dele indo ao aeroporto comprar a revista *Bizz*. Imagina essa criatura hoje, o que faria com tanta informação?"

A impressão que se tem, escaneando a infância e a adolescência de Chico Science, é que ele não perdeu nenhuma chance de se abastecer de música e de ideias. E como veremos em outras situações, não importava de onde vinha a água, Chico estava sempre com a toalha na mão.

4. O batuqueiro do birô

"Você tem que conhecer um cara. Ele também gosta de dançar break, hip hop e até faz uns raps." Diante da descrição precisa, Jorge du Peixe ficou, no mínimo, curioso. Do tal camarada, nunca ouvira falar. Mas se o amigo garantia que ambos tinham as mesmas afinidades eletivas, por que não ampliar as conexões? O amigo que o levaria ao encontro às escuras era Sérgio Mofado. Ambos frequentavam o baile funk da associação de moradores de Rio Doce, bairro periférico de Olinda. Na época, meados da década de 1980, Sérgio ostentava um fabuloso moicano. Como se o volume de cabelo erigido no alto da cabeça já não bastasse, ainda tascou um colorido no moicano. Jorge achava graça. Não do penteado "meio Ziggy Stardust", mas da reação das pessoas nas ruas. Ele próprio cultivava longas madeixas. Se não chegava a provocar olhares curiosos, tampouco facilitava a socialização. "Tinha uma equipe de b-boys que eu tentava entrar e não rolava. E dava pra ouvir: 'Xi, lá vem aquele boy cabeludo'", relembra Jorge, rindo da discriminação. "Mesmo assim, entrava na roda pra dançar e os caras ficavam meio travados, não batia muito bem, não."

Chega, enfim, o dia de conhecer o camarada de quem Sérgio havia falado, um tal de Chico. Foram até uma clínica radiológica, no Recife, onde Francisco de Assis França trabalhava. "Era uma sala gigante, com birô na ponta, só isso. Chico ficava sentado lá, entregando carteira de saúde." Jorge o reconheceu de imediato: o mesmo cara da impenetrável roda de break. Tentou quebrar o gelo com algo do tipo "já te encontrei dançando no baile, não sei quando". Chico ficou olhando para ele, e, segundo Jorge, talvez pensando: "Ih, esse cara chato da associação." Aos poucos, foi se abrindo. Até que Sérgio interveio: "Ei, esse cara sabe fazer rap também", apontando para o insuspeito entregador de carteiras de saúde. Pronto. Chico pegou a deixa e disparou a batucar no birô. Saiu mostrando umas rimas para Jorge, pedaços de futuras letras.

"Começamos a trocar ideias ali mesmo, de Malcolm McLaren a Afrika Bambaataa & The Soulsonic Force, e tudo o mais que estava rolando na época. E veio a ideia do hip hop, de se juntar mais, procurar sons juntos. Aí nasceu a Legião Hip Hop. Viramos unha e carne. Dois maloqueiros juntos, pra lá e pra cá."

Os dois maloqueiros viajaram por diversas galáxias, caçando novidades em discos, livros, quadrinhos, filmes, sem perder os pés e os passos na terra. Com a Legião Hip Hop, um coletivo de dançarinos de break, também ligado ao rap e ao grafite, cooptavam integrantes de outros bairros. Não havia limites nos improváveis espaços urbanos que tomavam para suas evoluções. "A gente ia pra rua, fazia vaquinha e comprava um produto para encerar o chão. Levava um gravador grandão e rachava a grana das pilhas. Às vezes, puxava a energia de algum poste", detalha Jorge, que garante ter herdado uma escoliose depois de tantas contorções.

Chico, um escaldado discípulo de James Brown, se esbaldava com a chance de atualizar seus passos de break. Nas reuniões da Legião Hip Hop, praticava-se também o intercâmbio de fitas cassete. A trilha do filme *Beat Street*, de Stan Lathan (1984), era das mais disputadas, ainda que fosse uma gravação sofrível, captada do alto-falante da sala de exibição. O que parecia ser apenas "diversão levada a sério", traria consequências marcantes no futuro dos dois amigos. "A partir dali, tivemos um contato maior com a cultura hip hop, toda essa colagem, tudo que viria a dar no *Da lama ao caos*", reconhece Jorge. "Até Nação Zumbi é meio calcado em Nação Zulu, não só em nação de maracatu. Chico queria fazer esse link entre o universal e o que estava à sua volta."

A Nação Zulu a que se refere é a Zulu Nation, projeto engendrado por Afrika Bambaataa, DJ e produtor americano, considerado o pai do hip hop. No início dos anos 1970, a organização oferecia conhecimentos de música, grafite e dança a jovens das gangues nova-iorquinas, com o intuito de afastá-los do crime e da violência – realidade já vivida por Bambaataa. Outra fonte de inspiração vinda do pioneiro do hip hop era a procura pela batida perfeita. "Looking for the Perfect Beat", título de uma faixa lançada por Afrika Bambaataa & Soulsonic Force em 1983, serviu de mote para Chico persistir na sua busca até encontrar a própria batida, que ele batizaria, certeira e intuitivamente, de Mangue.

5. O louco das ideias, o marginal da música

Tamanha era a vontade de Chico de ter uma banda que ele não tardou em formar mais de uma, antes mesmo de refinar a batida que o consagraria com a Nação Zumbi. Ainda que não se perceba de imediato, algumas centelhas foram acesas nas formações pré-Mangue, ressurgindo anos depois, incandescentes, no conceito e repertório do *Da lama ao caos*.

Antes da virada dos anos 1980 para os 90, o funk de James Brown, a fusão entre hip hop e música eletrônica alemã, pilotada por Bambaataa, e a emergente acid house vieram desaguar nos experimentos do Bom Tom Rádio. Chico e Jorge se juntaram a H.D. Mabuse, amigo que os conduziria a outros territórios sonoros. "Mabuse não era só o 'cara da tecnologia'. Ele era alguns anos mais novo, mas já tinha muitos discos de soul, rock, psicodelia", observa Jorge du Peixe. "A gente era muito bitolado, só ouvia música black. E Mabuse abriu nossa cabeça."

H.D. Mabuse era o codinome de José Carlos Arcoverde. H.D. de Herr Doktor e não de hard disk, diga-se, e Doutor Mabuse, do personagem de ficção que Fritz Lang levou às telas. Quando se aproximou dos dois amigos, eles já não atendiam mais por Chico e Jorge, simplesmente. "Chamavam de Chico Vülgo, assim estranhamente com trema. E Du Peixe era porque Jorge possuía vários aquários, criava até piranhas", conta Mabuse, sem precisar onde se conheceram. "Chico era um bróder que vinha de um subúrbio próximo ao meu, com uma pegada hip hop massa e uma curiosidade extrema. Isso lembro bem. O consumo de música, quadrinhos, filmes, livros... era sempre vertiginoso."

Chico Vülgo – o louco das ideias, o marginal da música. Era assim que Chico gostava de se apresentar, com o aposto

H.D. Mabuse, Chico Vülgo e Jorge du Peixe, núcleo da banda
Bom Tom Rádio, no final dos anos 1980.

resumindo aspirações e origem. O nome Bom Tom Rádio foi criado por ele e, segundo Jorge, tirava uma onda com Boomtown Rats, grupo de Bob Geldof, e "This Is Radio Clash", música da banda The Clash. E ainda remetia a boombox, aparelho de som portátil, um símbolo da cultura hip hop.

O Bom Tom Rádio funcionou como um laboratório de ideias, algumas delas buriladas mais tarde no disco *Da lama ao caos*. Já estavam ali, em fase embrionária, "A cidade" e "Maracatu de tiro certeiro", precariamente registradas no Tanz Muzik, estúdio improvisado no apartamento de Mabuse. Os recursos eram parcos; a criatividade, não.

"O uso de computadores cheios de pedais de guitarra até a gravação com microfone karaokê de um equipamento de som, tudo era pura experimentação", orgulha-se Mabuse. "Lembro-me de algumas bases com muito eco, baixo pesadíssimo e Chico lendo um texto do Raymundo Faoro, publicado na revista *IstoÉ*."

A formação inicial contava com Mabuse no baixo, Jorge na bateria eletrônica – "tocada com os dedos" – e Chico, voz e scratch. "Nada fixo, tocava com quem estava no momento", alerta Mabuse, ressaltando que os poucos shows do Bom Tom Rádio foram "caóticos e mal tocados".

Jorge costumava se ausentar por conta do trabalho. Na época, já dava expediente no balcão de embarque da Vasp, no aeroporto de Guararapes, em Recife. "Fiquei um tempo longe e quando voltei Chico já estava tocando com Lúcio." O guitarrista Lúcio Maia já havia passado por várias bandas que "não foram para a frente", entre elas, a Escracho Social. "Chico aparecia nos ensaios e batia sempre na mesma tecla: montar uma banda de rap." Quando criou a Orla Orbe, em 1987, com o intuito de enveredar não só pelo rap, mas também pelo ska, chamou o guitarrista. Nesse período, Chico começou um namoro com Ana

Brandão, e dedicou a ela "Continuação", uma de suas primeiras músicas com a Orla Orbe. Com Aninha, como era chamada, Chico teve sua única filha, Louise Taynã.

Como as alquimias do Bom Tom Rádio borbulhavam entre quatro paredes, era com a Orla Orbe que Chico exibia no palco o tanto que absorvera do hip hop – incluindo maneirismos de astros do rap. Quem testemunhou uma performance nada autêntica de Chico à frente da nova banda foi Renato L. "É a lembrança mais antiga que carrego dele. Deve ter sido em 1989. Fomos eu, Fred Zero Quatro e Mabuse e, engraçado, gostamos mais da outra banda escalada, a KZF, que parecia mais original. Achamos Chico muito na cola de LL Cool J."

Esse show da Orla Orbe era uma das atrações da Misty, boate gay que acabou entrando no circuito alternativo das bandas novas do Recife. Boate gay, puteiro... ninguém estava preocupado com a reputação do lugar. Nesse dia, acontecia ali na Misty o 1º Festival de Hip Hop do Recife, audaciosamente organizado por Chico e Jorge du Peixe. E, dessa vez, a motivação não vinha do Bronx, o berço do hip hop em Nova York, mas de um lugar mais perto e acessível: São Paulo.

6. De rolê em São Paulo

Era um dia como outro qualquer no balcão da Vasp. Jorge du Peixe cumpria seu horário no aeroporto, indiferente à greve que se armava. Olhando aleatoriamente os poucos transeuntes, avistou uma cara conhecida. "Oi, Nasi, tudo bem?" O vocalista do Ira! parou para bater papo com o fã. Jorge, na verdade, representava toda a veneração da turma pelo disco mais "estranho" da banda paulista – o *Psicoacústica*, e mais precisamente pela música "Advogado do Diabo". Em 1988, era inovador para uma banda de rock usar samples, pandeiro e vocal em forma de rap. Gostavam tanto dessa faixa que, mais tarde, uma versão fora incluída nos shows de Chico Science & Nação Zumbi.

Nasi e o baterista André Jung estavam bem envolvidos com o rap paulista, a ponto de participarem da produção da primeira coletânea do gênero, *Hip-hop cultura de rua,* lançada em 1988 pelo selo Eldorado. Já que o acaso deu essa chance para Jorge... "Tenho um amigo que curte muito o Run DMC, Kurtis Blow e também faz uns raps." "Legal, dá meu telefone pra ele." Jorge considerou "uma loucura de Nasi" e não via a hora de contar a insanidade para Chico. "Ele achou que era brincadeira. Mas quando pegou o telefone, passou a infernizar Nasi." Segundo Lúcio, Chico ficou vidrado, não falava de outro assunto. "Ligava para o Nasi, mas Nasi era um pouco frio com ele."

Do outro lado da história, Nasi não se recorda desse primeiro contato. Já o baterista André Jung tem uma versão diferente, mais afetuosa, que não exclui a anterior. "Foi o álbum *Psicoacústica* que me aproximou de Chico. Numa manhã, talvez no final de 1988, Chico ligou para uma loja de instrumentos musicais em São Paulo. Meu irmão trabalhava lá e atendeu à ligação. Depois de alguma conversa, contou que era irmão do André Jung. Chico pediu meu telefone e começamos a amizade. Chico me ligava umas duas vezes por mês. Era, no mínimo, meia hora de conversa sobre a música e seus caminhos, naquele momento de renovação do Rock BR."

Chico aproveitou umas férias e partiu sozinho para São Paulo, hospedando-se na casa de um primo, em Sapopemba, bairro da Zona Leste. É provável que nas andanças pelo Centro da cidade Chico tenha parado na estação de metrô São Bento, ponto de encontro de dançarinos de break. É certo que foi a shows, fez contatos, encontrou os caras do Ira!, Thaíde & DJ Hum e, enfim, viu *in loco* a cena hip hop que tanto ouvira falar.

"Foi na inocência de pegar uns toques, chegar mais perto. Aquilo deu mais gás ainda", afirma Jorge. "Chico voltou para Recife pior do que foi", observa Lúcio. "Ele ficava insistindo nisso: 'A gente tem que ir pra São Paulo.'" Anos depois, uma quixotesca ida a São Paulo se confirmaria como um passo decisivo para o futuro da banda.

7. No Oásis com o Ira!

Cerca de três anos após ter criado a Orla Orbe, Chico montou outra banda, a Loustal, que seria a "Orla Orbe em versão melhorada", brinca Lúcio. O nome deixa explícito outro interesse da turma além da música: histórias em quadrinhos. Loustal é uma homenagem ao quadrinista francês Jacques de Loustal.

Na nova formação, Lúcio continuou na guitarra e a novidade foi a entrada de Alexandre Dengue, no baixo. Tudo muito por acaso, até pelo fato de Dengue nunca ter colocado as mãos num baixo até então. Dengue e Lúcio eram amigos de escola, estudavam na mesma classe ginasial. Chegou a ver alguns ensaios da Orla Orbe, mas ficava quieto. Um belo dia, pegou um baixo e saiu tocando, sem contar para ninguém. Lúcio, desconfiado, partiu para a acareação: "Tu tá tocando baixo, é?" "Tô." E assim o neobaixista entra para a Loustal. Como Lúcio, Dengue também era aluno aplicado da cartilha do rock e suas vertentes. "Fui assimilando mais a música negra por conta de Chico e Jorge", relembra Dengue.

Sem abandonar o rap, a Loustal abraçava o rock dos anos 1960, e ainda funk, soul, ska e um toque de psicodelia. As com-

Loustal no Espaço Oásis, em Olinda, na noite que contou com a presença da banda paulista Ira!.

posições surgiam sempre de alguma batida ou letra criada por Chico. Lúcio e Dengue contribuíam com os respectivos instrumentos, em uma efetiva criação coletiva. Às vezes traduziam musicalmente alguma ideia de riff de guitarra ou levada de baixo que Chico "tocava de boca". Esse processo, que se inicia na Loustal com a afinidade do trio, seria perpetuado na gravação de *Da lama ao caos*, com Chico comandando a massa musical sem deixar de aceitar e incentivar a colaboração de todos.

Além de cantar e compor, Chico permanecia o agitador de sempre. Emplacava shows mesmo em lugares inapropriados. E não media esforços para divulgar seu trabalho. O louco das ideias era capaz de tudo. Até de trazer uma famosa banda paulista para ver o show da Loustal em Olinda. Havia o Espaço Oásis, que, por volta de 1991, já era um local bastante amigável para as novas bandas. Pertencia a um suíço, o Kurt, que se instalou por lá ao se casar com uma olindense. Era um bar e não exatamente uma casa de shows. Generoso, Kurt deixava os meninos tocarem suas próprias fitas e também permitia apresentações ao vivo, num canto da casa que servia de palco. Uma certa noite, estavam programadas as bandas Mundo Livre S/A e Loustal. Chico avisou que passaria antes no show do Ira! para trazer André Jung para assisti-los – com a determinação e o entusiasmo peculiares. Ninguém duvidou que Chico tentaria, afinal já tinha contato prévio com o baterista do Ira!. Se seria bem-sucedido na façanha ninguém sabia.

A hora avançava e nada de Chico aparecer. As bandas já estavam cansadas de esperar quando, de repente, surge Chico – não apenas com André, mas com o Ira! completo. O grupo paulista se misturou à minguada plateia. No final do show, outra surpresa da noite: uma inesperada canja. "Edgard Scandurra subiu pra tocar a guitarra que nem era minha, foi Chico que me emprestou. Tem uma foto em que estou olhando sem acreditar", recorda Lúcio, parecendo incrédulo até hoje. "Isso acendeu muito a cabeça da gente, diminuiu muito a distância. Era preciso se organizar melhor."

A banda Loustal também foi ganhando respeito dos próprios amigos. Renato L. enfatiza: "Loustal era a melhor banda mod brasileira, depois do Ira!. Chico, como performer, evoluiu muito rápido nessa época, de b-boy estilo LL Cool J para um híbrido difícil de rotular." Tão difícil de rotular que o próprio Renato L. acabou achando um apelido mais adequado. Afinal, Chico Vülgo era por demais simplório para dar conta da complexa rede de conexões musicais reprocessadas, com uma habilidade extraordinária para manipular ideias e conceitos – ciência que Chico dominava como ninguém. E por falar em ciência...

8. O cientista dos ritmos

Foi por acaso que Renato L. deu a Chico sua nova alcunha. Na verdade, não tão nova, já que Science foi emprestado de um parente. "Meu tio era fissurado em ficção científica e teorias sobre extraterrestres colonizando a Terra milênios atrás, aqueles livros de Erich von Däniken, *Eram os deuses astronautas?* etc. Era assim que minha família o chamava nos anos 70: Chico Science."

Na gozação, lançou o mesmo apelido para cima do amigo e o chamava assim, esporadicamente. Chico levou a sério a brincadeira. "Ele se autobatizou com esse codinome e, só depois, numa entrevista, eu formulei a explicação 'oficial': Science, o cientista dos ritmos – o que, claro, casava muito bem com o enorme talento dele pra (re)combinar batidas", esclarece Renato L. A essa altura, Renato já havia sido nomeado "Ministro da

Informação" do movimento Mangue. "Foi uma ideia de Chico inspirada no Professor Griff, que exercia cargo semelhante no staff do Public Enemy, por sua vez inspirado nos ministros dos Panteras Negras."

Aos poucos, Chico foi substituindo o Vülgo por Science, e abandona o aposto "o louco das ideias, o marginal da música". O espírito, porém, permanece. Ávido por novidades musicais, não dispensava nenhum estilo, ainda que parecesse estranho às suas preferências. E foi aí que um bloco cruzou seu caminho. Um bloco de samba-reggae.

Por volta de 1991, Chico trabalhava como auxiliar administrativo na Emprel, empresa de processamento de dados da prefeitura, quando conheceu o contínuo Gilmar Correia. Assim como Jorge du Peixe encontrou Chico no antigo trabalho, na clínica radiológica, com Gilmar foi a mesma situação: Chico batucava no birô. Começaram a conversar sobre música, cada um falando de seu grupo, Chico, do Loustal, e Gilmar, do Lamento Negro. O bloco de percussão Lamento Negro tinha como base o samba-reggae, gênero originado nos blocos afro de Salvador. Exportado da Bahia para o resto do Brasil, o samba-reggae alcançou imensa popularidade no final da década de 1980 e teve na banda Olodum um de seus maiores representantes.

Na empresa, Gilmar era chamado de Bola 7, por conta de um personagem de novela. "Chico dizia: não, tu é Bolla 8." E aí ficou Bolla 8 pra sempre. Um belo dia, Chico pediu a Gilmar Bolla 8 para ir a um ensaio do Lamento Negro na sede do Daruê Malungo, centro comunitário de Chão de Estrelas, no bairro de Peixinhos, na periferia entre Olinda e Recife.

Gilmar recorda, em depoimento concedido a mim no programa Ensaio Geral, do Multishow (2003), que Chico ficou impressionado não só com o som dos tambores, como também com o trabalho desenvolvido por Meia-Noite, mestre de capoeira, fundador do Daruê Malungo. Ali, crianças e adolescentes de várias comunidades tinham acesso a arte e cultura.

Sem deixar o Loustal, Chico começou a flertar com o Lamento Negro. No início, só voz e tambores. Tempos depois, decidiu juntar integrantes das duas bandas. Primeiro, chamou Lúcio Maia para ver a mistura – ainda truncada – de rap com samba-reggae. "Levei um amplificadorzinho, mas só eu ouvia porque era muito barulho com a percussão. Chico cantava umas letras dele, improvisava. Achei que podia render, mesmo não gostando de samba-reggae."

E Chico, gostava de samba-reggae? Helder Aragão, o DJ Dolores, garante que sim. Tanto que costumava assistir a algumas apresentações em Olinda. Fora do comum era ter Nick Cave numa mesma plateia.

9. Uma demo para Nick Cave

Nick Cave, o bardo australiano de poética e voz soturnas, passou uma temporada em terras tropicais entre os anos 1990 e 1993. Mais precisamente em São Paulo, onde viveu e teve um filho com a brasileira Viviane Carneiro, a Vivi, amiga dos jornalistas Bia Abramo e Thomas Pappon, também músico da banda Fellini, entre outras. Não era segredo que Nick vinha de um período de desintoxicação de heroína. A novidade é que ele teria passado uns dias em Pernambuco.

"Adivinha quem eu encontrei ontem, em Olinda?", pergunta Chico, eufórico. "Nick Cave!", responde Jorge, deixando o amigo surpreso. Como funcionário da Vasp, Jorge teve acesso à informação bem antes. "Eu mesmo não acreditei. Só quando li no passaporte do cara: CAVE, Nicholas." Como Nick foi parar no show do Olodum, ninguém sabe até hoje. O que contam é que Chico e Gilmar foram ao mercado Eufrásio Barbosa, em Olinda, assistir a uma apresentação do bloco baiano. No meio da plateia, Chico avista aquele rosto singular, testa destacada, olhar sisudo, e cutuca Gilmar: "Olha só quem tá logo ali. É Nick Cave!" "E eu sei lá quem é esse porra?" Não deu nem tempo de explicar a Gilmar quem era Nick Cave, do Birthday Party, ou o que estava fazendo com sua banda na época, os Bad Seeds. Chico foi abordar o sr. Cave, com a audácia superando a pouca fluência na língua inglesa. E sem mais, entregou a ele uma fita cassete com gravações caseiras da Loustal. "Ele passou a noite toda falando 'era Nick Cave, Nick Cave no show do Olodum'", lembra Gilmar Bolla 8.

Em 1996, Chico encontraria Nick Cave em outra ocasião. Em turnê pela Europa, com o *Da lama ao caos* já lançado por lá, Chico Science & Nação Zumbi foram escalados para tocar na mesma noite do músico australiano, em um festival na Áustria. Depois do show, "encheram a lata" e foram perturbá-lo. "Já chegamos no camarim dele apavorando, xingando Nick Cave de filho da puta, brincando, claro, falando em português mesmo", conta Dengue. "Não sei se ele lembra disso e nem se vai querer lembrar", conclui, aos risos.

Anos depois, a pernambucana Maria Duda (que namorou Chico na efervescência da cena Mangue, em Recife) morava em São Paulo quando conheceu Viviane, a Vivi. A ex-mulher de Nick Cave disse ter ouvido a fita entregue por Chico Science e adorado na época. Comentou que a gravação era de baixa qualidade e, justamente por isso, muito curiosa. A demo ainda estava em sua casa.

10. "Não vou tocar samba-reggae nem fudendo"

Mesmo com tamanho entusiasmo, que se provou tantas vezes contagiante, nem todos entravam de imediato na conversa de Chico. Menos por desconfiança, mais por não entenderem o que de fato ele propunha. Alguns integrantes do Lamento Negro resistiram a princípio, entre eles Toca Ogan, que depois se tornou percussionista da Nação Zumbi. "No começo, foi bem estranho, sim. O bloco tinha uns quarenta batuqueiros e a gente seguia Olodum, Muzenza, Ilê Aiyê. A diferença foi quando começou a juntar guitarra pesada com tambor."

Resistência maior Chico encontraria dentro da sua própria banda. Afinal, como convencer o baixista da Loustal a tocar com um bloco de samba-reggae? Alexandre Dengue reagiu sem sutilezas ao convite para participar das jams com o Lamento Negro. Mesmo com Lúcio garantindo que as sessões de improviso "tinham outras paradas no meio", o baixista continuou irredutível. "Eu não vou tocar samba-reggae nem fudendo." Foi Gabriel, que tocava com Pupillo na banda Zaratempô, quem assumiu o baixo. "Cheguei a ir em alguns ensaios com Gabriel. Ainda não tinha entrado o maracatu, mas já dava pra ver que vinha algo novo, sem reproduzir um som existente", relembra Pupillo, que já via em Chico um líder. "Ele realmente era diferente. Foi assim que começou meu interesse pelo rap, por exemplo."

Dengue não cedia de jeito nenhum e sequer se dispunha a ver um ensaio. Até o dia em que, depois de tocar com a Loustal, foi pra plateia e viu Chico Science e Lamento Negro. "Pensei na hora: pode crer, tem uma ideia aí, Chico tá certo", admitiu. "Quando me contavam, não visualizava. Só pensava no danado do samba-reggae." Logo depois, Gabriel deixa o grupo e entra Dengue. O entrosamento dos tambores com baixo, guitarra e vocais de rap não seria de imediato, uma vez que eram muitos integrantes do Lamento Negro e a formação flutuava. "Levou mais de um ano pra acertar. Era uma zona no começo. O Lamento Negro às vezes tinha 15, vinte integrantes. Para se profissionalizar, precisava reduzir o quadro. Tinha gente que transitava e sumia", entrega Lúcio. "Eu era um desses que sumiam", confessa Toca Ogan, rindo. "Só aparecia no dia do show."

Com o auxílio de Maureliano, o mestre Mau, um dos fundadores do Lamento Negro, as ideias de Chico foram encontrando um caminho. "Ele dizia 'quero uma coisa assim, uma fusão de James Brown com maracatu'. Aí passei pro tambor o som dos trompetes de soul, e misturei aquilo com o baque solto", relatou o percussionista no livro *Do frevo ao Manguebeat*, de José Teles. Desde aqueles tempos, Mestre Mau fabrica alfaias, os tambores típicos do maracatu, feitos de madeira e pele de animal, sendo o fornecedor dos instrumentos para a Nação Zumbi.

Quando exatamente Chico resolve eliminar o samba-reggae e inserir ritmos pernambucanos, até então relegados ao esquecimento pelas novas gerações, como o coco de roda, o maracatu, a ciranda, ninguém sabe precisar. "Essa é uma pergunta que eu nunca consegui a resposta", lamenta DJ Dolores, intrigado. "O uso da referência do maracatu é muito mais funk que o samba-reggae." Além de ser o momento da virada na concepção musical do grupo, havia ali outra descoberta: "A valorização de um orgulho que não existia no pernambucano. Não se esqueça que Recife era a quarta pior cidade do mundo para se viver, naquela época."

Jorge du Peixe, que continuava trabalhando na Vasp mas estava a par das intenções do amigo, acredita que a transição tenha se dado paulatinamente. "Aos poucos, Chico foi botando na cabeça dos caras que eles tinham que mexer com maracatu.

Era ideia de Chico unir o universal com o regional. Esse era o texto da época."

11. A tese do psycho-samba

No percalço de uma batida diferente, Chico desenvolveu um peculiar talento para captar estímulos das fontes mais díspares. E na tentativa de explicar o caos organizado de suas ideias, surgiram várias teses. Renato L. revela uma delas: "Carlos Freitas, que chegou a tocar guitarra com o Mundo Livre e foi dono da loja Discossauro, defende a tese de que o Manguebeat surgiu no dia em que eu, ele e Chico estávamos escutando som, e alguém comentou sobre uma crítica de Siouxsie (banda britânica Siouxsie & The Banshees) na revista *Bizz*. Diante de uma apresentação do Ira!, antes do seu show em São Paulo (1986), Siouxsie teria sentido falta de escutar um 'psycho-samba'. Carlos diz que não esquece a expressão de Chico ao escutar esse rótulo."

Em tom de blague, Renato L. não descarta a possibilidade de que o "psycho-samba" tenha acendido uma luz na cabeça de Chico. "Acho que fazia algum tempo que ele pensava em construir algo do tipo." Com ou sem o "psycho-samba" desejado pela inglesa Siouxsie em mente, Chico Science não só orquestrou uma nova batida, como também deu a ela um nome bem brasileiro – ao mesmo tempo sonoro e repleto de significados.

12. "Não tem jazz, mambo, soul? Então vou fazer Mangue!"

Entre um sacolejo e outro dentro do coletivo, Chico fez o comunicado a Jorge du Peixe. "Não tem jazz, mambo, soul? Então vou fazer Mangue!" Nos idos de 1991, o novo ritmo acabara de ser batizado. Ao menos naquele primeiro momento, ainda sem teoria ou conceito. Para justificar sua escolha, exemplificou com ritmos popularmente conhecidos, de nomes curtos e sonoros. Definitivamente, Mangue se encaixava nessa categoria. Nem por isso deixou de soar absurdo – ainda mais dito ali, entre os passageiros da linha Rio Doce-Conde da Boa Vista, que liga o bairro de Olinda ao centro de Recife.

"Quando ouvi aquilo, achei que era mais uma das viagens de Chico." A ressalva de Jorge não vem sem motivo. O "Du Peixe", por exemplo, é fruto de outra viagem de Chico. Ele, que apelidara o amigo na adolescência por conta da criação de peixes em aquários, também havia decidido que seria este seu codinome artístico. Talvez Jorge nem tenha sido o primeiro a ouvir o termo Mangue. Tomado de euforia, Chico tratou logo de espalhar sua ideia pelos quatro cantos da cidade. "Eu inventei uma parada, a gente vai fazer Mangue", teria dito ao chegar para um ensaio na casa dos pais de Lúcio Maia. "Mangue? A gente deu risada, desacreditou", admite o guitarrista. "Era bem desconexo no começo. Quem vai entender o que é 'som mangue'?"

O som Mangue carecia mesmo de uma explicação. Mas o mangue em si estava por demais entranhado no cotidiano dos moradores de Recife. Hoje, ameaçados de extinção, os manguezais se formaram às margens dos seis rios que entrecortam a cidade. Fonte de subsistência para a população carente, pegar caranguejo servia também como diversão para outros. "Chico pegava, eu pegava. Mais por brincadeira de moleque mesmo. Aprendi com os meninos do bairro, filhos de pescadores", recorda Lúcio. A própria edícula, no fundo do quintal dos pais do guitarrista, dava para um mangue. "Era uma casinha em que meu pai guardava móvel velho e aos poucos fomos transformando em estúdio. Mesmo depois, mais 'famosinhos', continuamos ensaiando lá, sempre perto do mangue."

Os parceiros de banda se acostumaram com o termo quando o som Mangue passou a fazer sentido. A pluralidade de espécies, a fertilidade dos manguezais, o ciclo do caranguejo, enfim, o mangue como metáfora para a diversidade de ritmos. Chico, porém, não foi o autor desse conceito. Mais uma vez, entra a ação coletiva para ampliar uma boa ideia.

Chico havia saído de mais uma jam session com o Lamento Negro quando chegou ao bar Cantinho das Graças, ponto de encontro da turma. Já estavam lá Renato L., Fred Zero Quatro, Mabuse e Vinícius Enter. "Chico falou que tinha combinado isso com aquilo e ia chamar essa nova batida de Mangue." É Renato L. quem costuma ser o porta-voz dessa famosa noite. "A gente adorou o rótulo, mas ponderamos que se prender a uma única batida podia ser contraproducente, a partir do que a gente via com a axé music e tinha sofrido (eu e Zero Quatro) com o punk. Além do mais, todo mundo tava louco pra mostrar serviço." Surge, então, uma nova proposta: estender o mangue para abrigar uma cena e não apenas um ritmo. "Chico, muito generosamente, aceitou na hora. Claro que isso tudo foi feito meio na brincadeira, não foi uma negociação, era apenas uma conversa numa mesa de bar", alerta.

Chico cedeu o rótulo ao coletivo de bom grado, mas não ficou inerte. Fazendo as vezes de divulgador, foi até a redação do *Jornal do Commercio* vender seu peixe. A primeira vez que a palavra "Mangue" surge na imprensa pernambucana foi na matéria publicada em junho de 1991. "O ritmo chama-se Mangue. É uma mistura de samba-reggae, rap, raggamuffin e embolada", declarou Chico ao jornal. Mais adiante, completou, imodesto: "É nossa responsabilidade resgatar ritmos da região e incrementá-los junto com a visão mundial que se tem. Eu fui além."

Chico Science e Lamento Negro iriam apresentar o Mangue na festa Black Planet, outro nome sacado de uma referência musical, *Fear of a Black Planet*, disco do grupo de rap Public Enemy. Chico, que aparece sozinho na foto da matéria, é creditado como organizador do evento e MC da banda Loustal.

A cena, que agora também atendia pelo nome de Mangue ou Cooperativa Cultural do Mangue, ia se fortalecendo com a união das bandas em torno de festas e eventos. Chico se dedicava a Chico Science e Lamento Negro e mantinha também a Loustal (mais tarde, Jorge du Peixe assumiria os vocais da banda). Era comum essas formações dividirem o mesmo palco, como no festival Viagem ao Centro do Mangue. Criado por Chico e Fred Zero Quatro, o festival era um evento itinerante com as bandas da cena. A primeira edição aconteceu em 1991, no bar Rabo de Arraia, em Olinda. Precisavam juntar uma grana. Afinal, estava nos planos a gravação de uma coletânea. Já era hora de terem um release.

13. Quem botou o beat no mangue?

"Há vinte anos, eu vi um por do sol aqui e nunca mais esqueci."

A frase, dita com candura, afasta qualquer lembrança do garoto punk do início da década de 1980. Antes de adotar os dois últimos dígitos do RG como alcunha, Fred Zero Quatro era apenas o "Rato".

Zero Quatro está de passagem pelo Rio. "Você pode me encontrar no Arpoador?" O músico havia cravado aquele por do sol na memória, quando esteve na cidade, por volta de 1995, lançando *Samba esquema noise*, disco de estreia da Mundo Livre S/A. Duas décadas depois, marcamos a entrevista no fim de uma tarde de outono. Ali, distante de Recife, ele talvez buscasse reacender, pela simples apreciação da paisagem, boas lembranças dos primórdios do Mangue. "Aquele período marca a vida da pessoa pra sempre. Era uma espécie de compromisso coletivo, como se vivêssemos numa guerrilha."

Visitar o passado tem sido um exercício constante e, às vezes, imprevisível. Como uma foto, mil vezes vista, em que há um pequeno detalhe a ser redimensionado. "Outro dia caiu essa ficha. Aquele textinho lá, sem pretensão de ser manifesto, era apenas um release", observa Fred, mirando o horizonte. Aquele "textinho lá" entrou para a história ao conceituar e apontar as diretrizes de um movimento cultural. E revelou sua verdadeira vocação: a de manifesto.

Fred Zero Quatro frisa que Chico "gostava das discussões em torno do nome Mangue e comprou a ideia do uso coletivo porque percebeu que seria bom pra todo mundo". Foi por acaso que o jornalista Frederico Montenegro adquiriu conhecimento sobre o ecossistema dos manguezais. Pesquisando para uma reportagem de TV, enxergou no mangue a analogia com a efervescência da cena que se espraiava pela cidade. Com certo didatismo, traçou diagnóstico, plano de ação, objetivos e interesses. Hoje não saberia dizer ao certo a que se destinava. "Acho que era para o show, uma festa ou evento para conseguir grana pra coletânea. Seria independente, com parte do meu salário como repórter de TV e de Chico, vindo da Emprel. Toda grana que sobrava ia para o estúdio."

A coletânea começou a ser gravada em 1992 e foi batizada de "Caranguejos com cérebro", título da faixa de Vinícius Enter. Além do artista solo, contava também com as bandas Loustal,

Mundo Livre S/A e, agora rebatizada, Chico Science & Nação Zumbi, com Chico, Lúcio, Dengue, Gilmar Bolla 8 e outros integrantes do Lamento Negro. O caprichado release de Fred Zero Quatro trazia o nome da coletânea no título, e com a diagramação de Helder Aragão, o DJ Dolores, ficou mesmo parecendo um manifesto, ainda que não fosse intencional.

A situação fugiu do controle, segundo Fred, quando o release foi parar na imprensa local, que o encarou como manifesto de um movimento em curso. "Era um momento em que os jornais diários apostavam em cadernos de cultura. Para não ficar publicando só notícias de Madonna, ficavam atentos ao que surgia de novidade", contextualiza Fred. "E Recife, desde Manuel Bandeira, João Cabral de Melo Neto, sempre fomentou a cultura, exportando gente como Luiz Gonzaga... Em 90, virou a escória. Mas ficou uma panela de pressão, com literatura, audiovisual, tudo latente, esperando um estopim, que veio com o Mangue. Foi a chance de mostrar conteúdo com diversidade, multicultural e coletivo."

Por conta de um mal-entendido, a imprensa acabou interferindo no nome do movimento, à revelia de seus mentores. O "bit", a menor parcela de informação processada por um computador, virou "beat", de batida, ritmo. O próprio Fred Zero Quatro é o culpado pelo ruído. "Manguebit", como a turma gostaria que fosse chamado o movimento, é o título de uma música sua, e a motivação para compô-la vem de uma criação de Chico. "Manguebit" é um revide a "Manguetown". Embora não registrada em *Da lama ao caos* – o que acontece só no disco seguinte, *Afrociberdelia* –, ela já fazia parte do repertório de Chico Science & Nação Zumbi. Fred lembra do impacto que isso lhe causou: "Quando ouvi 'Manguetown' pela primeira vez, fiquei com inveja", assume. "Pra mim, uma das rimas mais inspiradas de Chico é 'na lama do meu quintal/ manguetown'. O cara vindo da periferia falar um troço desses. É um hino instantâneo, pensei. E deu vontade de ter um hino do Mundo Livre também. Já tinha rabiscado algumas coisas como 'sou eu transistor, Recife é um circuito'... Bolei 'Manguebit' como provocação. Eu trabalhava em rádio, sabia que ia criar certa confusão entre bit e beat. Batida ou informação? Queria gerar discussão. Mas a música veio como forma de resposta."

O beat acabou vingando no lugar do bit. Era mais fácil de assimilar, e saía com frequência da boca de Chico, em sua constante procura pelo beat perfeito. O que não vingou foi a coletânea, nunca lançada oficialmente. Não por falta de esforços. Mas acabou solapada pelos contratos que estavam a caminho, tanto para o Mundo Livre S/A, pelo selo Banguela/Warner quanto para Chico Science, pelo selo Chaos/Sony.

Já a posteridade do manifesto estava garantida ao ser reproduzido no encarte do disco *Da lama ao caos*, levemente modificado. "Aquilo de antipsiquiatria, Bezerra da Silva, são coisas minhas", ressalva Fred, que não teve crédito como autor do texto. Como compositor, seu nome aparece em duas músicas: sozinho, em "Computadores fazem arte", e dividindo com Chico, "Rios, pontes & overdrives".

Se há algo que Fred lamenta é não ter tido a chance de perguntar a Chico como surgiu o termo Mangue. "Ele falava do apelo sonoro e da associação a uma coisa bacana do Recife. Mas não sei como pintou. Bem, talvez nem Dave Grohl [baterista do Nirvana] saiba a origem da palavra grunge", pondera Fred, sob os últimos raios de sol que se despedem do Arpoador.

14. (Des)organizando o movimento

Quer dizer que o movimento Manguebeat foi um acidente? O fato é que nunca houve, por parte dos envolvidos, a intenção de transformar aquela agitação em torno de festas e bandas em um movimento. Segundo Renato L., achavam o termo movimento muito pretensioso. Simpatizavam mais com a palavra cena, pela espontaneidade. E além do mais, movimento pressupõe uma certa unidade sonora – no Mangue era justamente o oposto, a diversidade era o ponto principal. Para Mabuse, não há meio-termo: "Nunca foi um movimento. Era claramente uma iniciativa de duas bandas – Chico Science & Nação Zumbi e Mundo Livre S/A. Por isso, preferíamos chamar de Cooperativa Cultural."

Podiam não estar maquinando um movimento, mas sabiam como tirar proveito. A maré encheu, vamos surfar nessa onda. "De início, a gente desmentiu. Depois, as coisas começaram a dar certo e preferimos deixar pra lá", conta Renato L. Com direito a "tiração", claro. Inspirados em Malcolm McLaren, o criador do Sex Pistols – o mais bem-sucedido "produto" punk, a turma do Mangue quis inventar moda. "A gente resolveu criar um glossário de gírias que não colou. Era completamente falso", diverte-se DJ Dolores, ao confessar a traquinagem. Bem que tentaram emplacar termos como "aratu" (otário) ou "guajá" (mauricinho, o caranguejo que não suja as patas). O que colou mesmo foram expressões oriundas do release-manifesto e repetidas à exaustão até hoje. "Caranguejos com cérebro", "antena enfiada na lama" e "mangueboys e manguegirls" são os maiores clichês.

O lado positivo de o Mangue virar movimento é que mais gente acabou beneficiada com o novo status da cena. Só que "não havia um 'beat' comum ao Manguebeat", alerta Renato L. "As pessoas faziam músicas bem diferentes entre si. Bandas como a Eddie ou a Devotos do Ódio existiam bem antes, assim como a Mundo Livre S/A. O que ligava todos era a vontade de movimentar a cidade, que tava parada há anos."

Mesmo com estilos diversos, havia um intercâmbio entre os músicos. Fábio Trummer, da banda Eddie, por exemplo, chegou a gravar guitarras numa demo do Bom Tom Rádio. "Era comum emprestar equipamentos para os ensaios da Orla Orbe, Chico Vülgo e Lamento Negro. E Chico era muito fã da Eddie, dava vários toques e estava presente nos nossos shows, de camiseta da banda e tudo." Foi por volta de 1993 que surgiu "Quando a maré encher", música que Chico adorava, segundo Trummer, um dos autores. "Acho até que foi por isso que a Nação gravou depois. Vivíamos fervorosamente o Manguebeat na cidade, e essa é daquelas músicas que sintetizam uma época. É a música da Eddie que melhor se encaixa no estilo Mangue de se expressar."

Algumas bandas não sabiam direito o que fazer quando submetidas ao rótulo. "Os meninos do Mestre Ambrósio falavam 'tão dizendo que a gente é Manguebeat'. E a gente ria", conta DJ Dolores, ressaltando que era muito conveniente, pois pulavam-se várias etapas para chegar ao público, à imprensa. O movimento se expandiu também para o cinema, a moda e as artes plásticas. "O Mangue era isso: gente muito jovem e talentosa disposta a gastar tempo produzindo coisas em torno de um conceito que, a certa altura, pertencia à cidade e não mais a alguém."

15. Um barão e um paralamas no QG do Mangue

Toda vez que eu ouvia falar em Soparia, lembrava do Zicartola, o famoso restaurante-bar que Cartola manteve com sua mulher, dona Zica, no início dos anos 1960. Além de servir quitutes, também se ouvia muito samba, com a nata de compositores da época – do estreante Paulinho da Viola ao já consagrado Zé Kéti. O Zicartola foi ainda ponto de resistência cultural. Com a ditadura começando a mostrar suas garras, também fazia parte do cardápio pensar e discutir outros rumos para a arte. De certo modo, a Soparia foi o Zicartola do Manguebeat. Roger de Renor, o Rogê, deu risada quando soltei a comparação. A Soparia não existe mais desde 2000. Um dos motivos alegados por ele para fechar o negócio era não aguentar mais "os malucos gritando 'Cadê Rogê? Cadê Rogê?' quando passavam pela porta do bar". Rogê virou personagem de "Macô", música gravada no segundo disco de Chico Science & Nação Zumbi, o *Afrociberdelia*. Com Gilberto Gil e Chico chamando por ele, tudo bem. Daí a virar galhofa...

Comunicador nato, sua intenção na época não era criar um espaço cultural. Em 1991, ex-divulgador da gravadora Warner, montou o bar para "trabalhar se divertindo". Ou seja, beber e ouvir música com amigos depois que outros bares cerravam as portas. A decoração beirava o kitsch, com o famoso sofá vermelho semelhante a uma boca carnuda, herança de uma peça teatral. Com música, cerveja e sopa servida na madrugada, a Soparia durou bem mais do que os vinte meses do Zicartola. Mas foi justamente nos primeiros anos que exerceu papel fundamental na cena Mangue, como palco para bandas como Chico Science & Nação Zumbi, Mundo Livre S/A, Eddie, Mestre Ambrósio e tantas outras. Era também um ponto de encontro de artistas de toda sorte e procedência, como foi o caso de João Barone e Dé Palmeira, respectivamente, o baterista dos Paralamas do Sucesso e o ex-baixista do Barão Vermelho, duas das maiores bandas dos anos 1980.

O que isso tem a ver com Chico Science e o *Da lama ao caos*? Uma simples menção a Dé e João Barone nos agradecimentos do disco foi exatamente o que me levou a puxar o fio dessa história. Em 1991, a cantora Deborah Blando lançou em seu primeiro álbum uma versão de "Decadence Avec Elegance" – aquela mesma do Lobão, só que com letra em inglês. A gravadora Sony, que investia pesado na cantora aqui e de olho no mercado internacional, bancou um videoclipe no ano seguinte. Era uma superprodução, com palco montado na praia de Boa Viagem, em Recife. E veio de brinde uma banda, mas não uma banda qualquer. João Barone conheceu Deborah em Florianópolis, ela era da turma de sua esposa na época. Quando o empresário da cantora pediu ajuda para montar a banda que gravaria o clipe, Barone juntou amigos: "Chamei o Dé e ele sugeriu o Cláudio Zoli na guitarra. Eu sugeri o Repolho, percussionista. E zarpamos para Recife." Dé dispara um autodeboche: "Só o Barone pra me convencer a fazer figuração no clipe da Deborah Blando." Barone também revê a situação com humor: "Acabou que a gente não aparece em nenhum momento. O que valeu mesmo foi a sorte de conhecer o Chico Science nessa ocasião."

Não, naquele domingo de sol em Boa Viagem Chico Science não figurava entre as 60 mil pessoas estimadas como público de Deborah Blando e sua banda "fake". Chico chegou mais tarde à Soparia, onde já estavam Dé e Barone. "Já sabíamos ser o novo point da cidade. Fomos pra lá cedo e estava rolando uma apresentação do Maracatu Estrela Brilhante. Achamos o máximo a vibe geral. Quando acabou, pegamos uma mesa e pedimos umas cervejas. Dali a pouco, um cara muito estiloso apareceu do nosso lado, com aquele chapeuzinho de palha e uns óculos escuros tipo Waldick Soriano", conta o baterista. Dé não teve dúvida. "Olhei para aquela figura e pensei: 'vou ficar amigo desse cara'. Aí ele falou o nome 'Chico Science'. Como pode? Achei genial."

Chico os reconheceu e se aproximou, como um "velho conhecido". Os dois já tinham ouvido falar da nova cena local, mas ali souberam da história toda, detalhadamente. "Era tão interessante que conforme Chico ia explicando sobre o conceito do Mangue, eu, que tinha tomado todas, fui ficando careta, pra conseguir absorver aquilo tudo", recorda Dé, ainda abismado. Barone adverte sobre o poder singular de Chico: "Ele parecia uma entidade elementar, um gnomo, um saci, um exu. A maneira como surgiu do nosso lado na Soparia, de repente, foi muito surpreendente. E a conversa ia numa fluência que a gente comprava tudo que ele falava. Se ele nos levasse num cartório, a gente assinava qualquer documento. Naquela noite, seria sócio do Chico Science em qualquer coisa, fácil, fácil."

Naquela noite, Barone e Dé não acabaram em nenhum cartório, e sim na casa de uns amigos de Chico onde, convencidos por ele, foram ouvir uma fita demo de sua banda. Barone lembra que escutou parte do futuro disco de estreia da banda: "Tinha 'Rios, pontes & overdrives', 'Da lama ao caos', 'A cidade'... Soube ali que André Jung, baterista do Ira!, tinha levado pra São Paulo uma cópia da fita. Voltamos pro hotel na madrugada, as músicas grudadas na memória, cantamos tudo no dia seguinte. Não parecia que ia levar muito tempo pra aquele cara surgir na ribalta", completa.

Outros lugares serviram de palco para shows e festas, como Franci's Drinks (antigo Adília's), Academia Arte Viva, Galeria Joana D'Arc, Oásis, Misty... Mas o QG da turma foi a Soparia. Praticamente todo mundo passou por lá. "Eu ia à Soparia todas as noites e só voltava de manhã", lembra Karina Buhr, cantora e percussionista que integrou bandas como Eddie e Comadre

Fulozinha. "Troquei minha faculdade por isso. E aqui estou, formada", brinca. "Cada dia da semana era um troço maravilhoso. Quarta era o dia que eu tocava com Mestre Ambrósio. Tinha o dia do jazz, com Tony Fuscão, dia do chorinho, do forró, dos loucos... na verdade, todo dia era dia dos loucos", resume, rindo.

"Minha mãe foi bater lá e eu não tinha chegado. Que vergonha. Eu devia ter já uns 17, 18 anos", relembra Pupillo. "E a Soparia acabou e o prego do meu pindura continua lá."

16. O apartamento de Nara Leão

Você pode imaginar como era a vida sem internet no final dos anos 1980, sem redes sociais para obter e compartilhar informação? Então vamos encurtar essa parte e dizer que em Recife as coisas talvez fossem ainda um pouco mais difíceis e lentas.

Ir até o aeroporto só para comprar revistas que chegavam apenas na banca de lá. Fazer "cotinha" para alguém trazer um disco "de fora". Trocar a etiqueta daquela HQ importada, sorrateiramente, pela de outro produto mais barato. Juntar a turma para ouvir um programa do John Peel em cassete que alguém conseguiu gravar diretamente da rádio inglesa. Enfim, dava-se um jeito de não perder o bonde da história. E lojas de discos, como a Discossauro (localizada na rua do Hospício) e a Rock Xpress (de Paulo André Pires, futuro empresário de Chico Science & Nação Zumbi), ambas em Recife, cobriam as lacunas de quem buscava "sons mais alternativos", para usar um termo da época.

Além dos encontros em festas, bares, shows e lojas de discos, outro ambiente propício para o troca-troca musical se dava entre quatro paredes. Nada a ver com os quartinhos do Adília's. Os segredos de alcova de toda a babilônia musical eram compartilhados em apartamentos. O do DJ Dolores, que dividia com um amigo, ficava no bairro das Graças, região de classe média do Recife. "Chico trabalhava a dois quarteirões numa repartição pública e Fred era redator na rádio Transamérica. Como moravam longe, Chico no subúrbio de Olinda e Fred no subúrbio de Jaboatão, quase toda noite iam lá pra casa", conta. "Por isso, brinco dizendo que eu era 'a Nara Leão do Manguebeat'. Tinha sempre mais gente e toda noite alguém trazia fita cassete, vinil e se conversava muito. Um pensamento coletivo sobre música sendo aprimorado. Ouvia-se Nick Cave, Test Department, hip hop... Fred chegava com Jorge Ben e assim começava o debate."

Outro endereço que marcou o Manguebeat e, principalmente, a formação de Chico foi o do "Sunrise", apelido do apartamento no 7º andar do edifício Capibaribe, de frente para o rio. Ali, na rua Aurora, Chico dividiu teto, pão, cervejas e anseios com H.D. Mabuse e, em menos tempo, com Fred Zero Quatro. Mabuse virou uma espécie de "guru da turma" com seu amplo universo de interesses. Mas ele parece surpreso ao ser indagado sobre sua contribuição. "Como você tá falando de pessoas que admiro bastante, de coração, isso é um puta elogio. Sempre tive uma queda pra pesquisa. Se ouvia *A love supreme* e pirava no disco, ia direto na ficha técnica e procurava depois McCoy Tyner e Archie Shepp. Se via um filme que gostasse, um livro, a mesma coisa. Mas, na real, a influência era entre nós. Éramos os amigos do 'barrio'. Fico feliz em pensar que houve essa troca com mentes tão brilhantes", afirma Mabuse.

Fred relembra como era enriquecedor o que cada um oferecia ao outro. "Eu vinha com um som europeu, mais psicodélico. Ou discos que marcaram minha adolescência, como o *Tábua de Esmeralda*, do Jorge Ben. Ele me apresentava black music, o Arrested Development, por exemplo. Chico adorava copiar fitas pra mim; era generoso demais. Ensaiava até passos de coreografia com ele."

A convivência com Fred deve ter estimulado Chico a escrever através de um novo prisma. É a impressão do guitarrista Lúcio Maia. "Havia uma necessidade de Chico de querer abordar temas mais adultos. Quando ele viu Fred enfocando assuntos mais consistentes, quis fazer parte daquilo. Passou a ser menos romântico e mais centrado, panfletário." A mútua influência artística acabou se revelando no palco e no modo de compor. "Assim como eu mudei minha forma de subir no palco, de me comunicar com o público, ao ver o carisma de Chico e a marra dele – antes eu baixava a cabeça no show, não tinha aquele lado espaçoso, no bom sentido, de saber me impor –, Chico pode ter pego alguma coisa do meu olhar, da forma de encarar a sociedade. Eu era o acadêmico. Ele, o cara da periferia."

17. "Que roupa ridícula da porra!"

De release para manifesto, de manifesto para movimento, com direito a beat de brinde, o Mangue se alastrou pela imprensa. Primeiro, foi acompanhado de perto pelos jornalistas José Teles e Marcelo Pereira, ambos do *Jornal do Commercio*, em Recife. Não demorou muito para que ganhasse espaço em outros veículos. O próprio Teles tratou de esclarecer o tal "mangue-beat", grafado dessa forma em matéria publicada na *Bizz*, em março de 1993, a pedido de Carlos Eduardo Miranda, então colaborador da revista e já atento às novas bandas. A MTV, o canal de música que operava no Brasil desde 1990, também foi atrás da novidade. Mapeando o cenário musical do Nordeste, chegaram às duas bandas de maior destaque no movimento: Chico Science & Nação Zumbi e Mundo Livre S/A. No dia da gravação, "o maluco das ideias" voltou a atacar.

Os óculos escuros à moda cibernética em contraste com a bermuda de chita ultracolorida, herança do maracatu. Enfiada no bermudão, vinha a camiseta básica, branca como as meias, estas esticadas até a altura do joelho. Chapéu de palha na cabeça, modelo coco, abas dobradas e um par de tênis nos pés. Pode-se dizer que Chico Science aplicou no figurino o mesmo método de que se valia para criar música: o diálogo entre regional e universal. No modo ímpar de se vestir, Chico traduziu – visualmente – o conceito Mangue.

Hoje, o look é considerado icônico, como se diz no vocabulário da moda. Naquela época, era mesmo "ridículo", como dito no vocabulário da turma. Todo mundo cool, discreto, e Chico aparece daquele jeito para gravar uma entrevista na MTV, que na época ditava moda. O figurino não só causou estranheza, como também foi motivo de pilhéria. O ponto de encontro foi no apartamento do DJ Dolores. "Chico chega com o visual que o consagrou, misto de b-boy com dançarino de maracatu", lembra. "Assim que entrou, eu, Fred e Renato falamos: 'Que roupa ridícula da porra!' Tiramos tanta onda." Depois da gravação, foram jantar na casa de Fred, que teria proibido Chico de entrar com aqueles trajes. "Chico ficou comendo um sanduíche do lado de fora." Fred dá seus motivos: "Eu e Renato vínhamos de uma militância, entre aspas, punk. Na nossa faculdade, eram os riponga que usavam roupa de chita."

Pensando bem, os amigos não estavam exagerando. Aquela salada visual era mesmo indigesta, do ponto de vista estético, muito embora repleta de significados, pertinentes e assimiláveis. "O cara era muito visionário. Até hoje associam [as roupas] com a cena Mangue. Pra gente parecia feio. Mas ele já estava elaborando um conceito muito esperto. Veja que inteligente: ao mesmo tempo que propõe algo ridículo, dá margem para sua replicação por ser muito simples", reflete DJ Dolores. "Talvez ele entendesse que você pode adorar rap americano, mas nunca vai se vestir como um rapper. Mas você consegue reconfigurar com um ídolo mais próximo. Logo, eles podem se vestir como eu. Não foi de forma pensada, mas de forma intuitiva", acredita.

Pupillo também testemunhou a turma tirando a maior onda com Chico. "Só que mais ridículo é alguém dar uma de pós-punk e andar todo de preto naquele calor dos infernos, ou com a galera do rap de touca e casaco", ressalta o baterista. "Naquela época, você tinha que se posicionar, estabelecer relação com um estilo, não podia gostar de tanta coisa diferente. E Chico mudou isso."

Será que Chico se produziu aleatoriamente, juntando peças para chamar atenção, ou ficou lapidando durante dias cada detalhe? Uma pista pode ser a origem da preocupação estética de Chico, que vem desde seus primeiros passos. Aproveitando os dotes de dona Rita como costureira, Chico dava asas à criatividade. "Ele pensava a performance inteira, todo o aparato. Isso antes do palco, com a dança de rua ainda", recorda Goretti, irmã de Chico. "Minha mãe fez uma calça parecida com a da Adidas, a pedido dele: malha azul, com listras brancas, na lateral. Ele sempre chegava com várias ideias. Com as bandas Orla Orbe e Loustal, era mais calça de xadrez. Depois, vieram as bermudas de chita. Figurino para ele e para a Nação Zumbi também."

Chico, como se vê, sabia contornar a falta de grana. Os óculos de grandes armações comprava baratinho, perto do Mercado São José, e depois dava uma modernizada, segundo

Goretti, substituindo as lentes. Na Fortunato Russo, uma loja bem popular, gastava um troco com alguma roupa de "matuto". "Chiquinho vivia fora da moda. Era um estilo só dele. Quando virou Chico Science, criou um personagem."

E foi esse personagem que a MTV registrou, mas levou uns meses para exibir. Realizada no segundo semestre de 1992, a gravação rendeu até cobertura na imprensa local. "Criou-se uma expectativa na cidade pra ver a gente na MTV", conta Fred Zero Quatro. "O tempo foi passando e nada. Até que, em janeiro de 1993 soltaram no Drops MTV, no intervalo do show do Nirvana, no festival Hollywood Rock. Dizem que foi a maior audiência da MTV até então." Depois de cavar espaço na mídia impressa e eletrônica, faltava mais o quê para chamar a atenção de uma gravadora? Um festival, talvez?

18. De marmita no Abril Pro Rock

Ventos mais aprazíveis sopraram naquele ano de 1993. Com a chegada da MTV e da rádio 89 FM, a "rádio rock", em Recife, a distância para as capitais do Sudeste diminuiu e, por consequência, a sede de consumo por um tipo de música mais alternativa aumentou.

Quem captou a demanda por um festival na cidade foi Paulo André Pires, que se tornaria mais tarde empresário de Chico Science & Nação Zumbi. Paulo trazia na bagagem a temporada em que morou nos arredores de São Francisco, nos Estados Unidos. Entre um bico e outro, escapava para assistir a tudo quanto era show da nova safra roqueira da Califórnia. Voltou para Recife, abriu uma loja de discos, a Rock Xpress, e produzia shows de pequeno porte. O sonho de realizar um festival vinha sendo acalentado há anos. O local já existia, o Circo Maluco Beleza, uma versão do lendário Circo Voador carioca. Faltava acertar a agenda. "Esperei passar o carnaval e fechei a data para abril. Fazia todo o sentido porque não era só com bandas de rock", diz Paulo. "Tinha até Maracatu Nação Pernambuco, que não era da zona rural. Era um grupo de jovens de classe média, entre eles Silvio Meira, um dos maiores cientistas de tecnologia da informação do Brasil."

No dia 25 de abril de 1993, aconteceu o primeiro Abril Pro Rock. Entre as 12 atrações, nenhuma vinda de fora do estado, havia desde nomes antológicos dos anos 1970, como Lula Côrtes, do lendário *Paêbirú* (1975), álbum gravado com Zé Ramalho, até as bandas do recém-lançado movimento Mangue: Mundo Livre S/A e Chico Science & Nação Zumbi.

Para se ter uma ideia da pouca verba, a produção não dispunha nem de transporte para as bandas. Cada um chegava como podia. E, se fosse o caso, nem ia embora. "A galera da Nação, ala mais pobre que morava em Peixinhos, veio passar o som de manhã, trouxe marmitinha e acabou ficando, porque não tinha grana pra pegar outro ônibus e voltar mais tarde para o show. Enquanto isso, chegavam os carrões, com motoristas e tudo, dos caras da banda Weapon, uma banda de metal farofa, que eu escalei para garantir uns cem pagantes. Que contraste", observa Paulo André.

É possível assistir na internet ao show de Chico Science & Nação Zumbi quase na íntegra. Era fim de tarde quando subiram ao palco. Longe de ser uma multidão, a plateia modesta era composta de fãs de primeira hora e "gente de fora", como o jornalista e futuro produtor musical Carlos Eduardo Miranda.

Desde o primeiro momento, a performance de Chico impressiona. Já estava tudo ali: carisma, atitude, domínio de palco, figurino, dança e trejeitos que seriam aprimorados com o tempo. A pancada musical da banda era arrebatadora, mesmo com uma formação ainda irregular. "Teve gente que sumiu e apareceu no dia do show", lembra Lúcio Maia. "Depois, ficou puto quando fechamos contrato e não foi chamado. Era muito bagunçado."

Várias músicas que entraram no repertório do disco *Da lama ao caos* estavam no setlist do show, executadas com vigor e muita empolgação. Nesse quesito, além de Chico, um componente da banda se destaca. É o percussionista Otto, de cachos longos e miniblusa! Ele foi apelidado na época de "o bicho que pula". Paulo André aponta ainda um detalhe curioso na coreografia dos "tambormen", como costumam chamar os músicos que tocam alfaia, o tambor típico do maracatu: "O passinho que faziam pra frente e para trás ainda era muito em cima do Olodum."

O Abril Pro Rock acabou se firmando como uma vitrine para as novas bandas, desde aquela primeira edição. E para Chico Science & Nação Zumbi a repercussão do festival veio em boa hora. Os ventos estavam mesmo a favor naquele ano de 1993. Sopraram no ouvido de Chico que uma certa gravadora estava de olho neles. "Seria bom vocês irem logo tocar no Sudeste", teria dito o emissário.

19. "Estamos indo pra guerrear"

Em meados de 1993, armou-se a primeira investida ao Sudeste, carinhosa e exageradamente chamada de Mangue Tour. Exagero porque, na verdade, eram duas cidades apenas – uma data em junho, em São Paulo, e duas em Belo Horizonte – apresentando Mundo Livre S/A e Chico Science & Nação Zumbi. A incursão necessitava de fundos e para tal as duas bandas fizeram alguns shows antes da partida, em que vendiam também camisetas para aumentar o caixa. Era trabalho coletivo, com muitos envolvidos, mas Chico seguia tomando a frente. "Tinha um cara, Fernando Jujuba, que dava uma força como produtor, mas era Chico quem fechava o show", esclarece Lúcio.

Àquela altura, a banda contava com Lúcio Maia (guitarra), Dengue (baixo), Toca Ogan (percussão), Canhoto (caixa), Gilmar Bolla 8 e Gira (alfaias). Levar para outra cidade aquela bagunça na Nação Zumbi, com o entra e sai na ala dos tambores, estava fora de cogitação. Daí a formação mais enxuta e, digamos, mais responsável. O reforço no combo percussivo veio quando, finalmente, Jorge du Peixe foi recrutado para tocar alfaia na banda, às vésperas da viagem. "A gurizada faltava muito mesmo. Quando saí da Vasp, Chico e Lúcio me chamaram. Era como se já fizesse parte, só não estava todo dia porque precisava trabalhar, tinha filho já", justifica Jorge. Segundo ele, já existiam gravadoras "orbitando em torno da banda". "Quando entrei, eles estavam ensaiando lá no estúdio no quintal do pai do Lúcio, com essa ideia de gravar, mas não sabiam por onde sairia o disco."

Um contrato com gravadora não cai do céu. Mas, às vezes, chega pelo correio. Antes de pegar a estrada rumo à Manguetour, Lúcio atendeu a uma ligação de Chico. Dava para notar que, do outro lado da linha, a ansiedade do amigo estava acima do costume. Aquele "vem já pra cá" soou como emergência. Lúcio foi então à casa em que Chico morava com os pais, no bairro do Rio Doce. Àquele endereço acabara de chegar um envelope vindo de São Paulo. Dentro do pedaço de papel pardo, um conteúdo precioso: a primeira proposta de uma gravadora, no caso do selo Tinitus, que pertencia ao produtor musical Pena Schmidt. O currículo de Pena era extenso e abalizado. Já havia sido desde técnico de som dos Mutantes, diretor de palco de festivais a executivo de gravadoras como Som Livre e Warner. Nesta última, apostou na contratação do Ira!, Ultraje a Rigor e Titãs nos anos 1980. Ou seja, seus ouvidos experientes apontavam para o potencial de Chico Science & Nação Zumbi.

"Ele ouviu uma demo, se adiantou e mandou o contrato", afirma Lúcio. "Mas era muito cedo. Seria inconsequente assinar de cara. A gente já estava de viagem marcada para São Paulo e com outras possibilidades na mão." Que Chico queria gravar um disco e fazer sucesso era notório. O sujeito mais empenhado de todos, estava claro desde o início. Menos evidente era sua preocupação com quem embarcava junto na mesma viagem. E a viagem dessa vez não seria apenas musical. A maioria estaria deixando suas casas pela primeira vez. E Chico sentiu-se responsável por isso.

"Eu nunca tinha saído do Recife. Ele foi em casa de minha mãe. Eu era maior já, Canhoto ainda não. Chico teve essa atitude de falar com as famílias. Muito seguro, ele disse: 'Estamos indo pra guerrear'", revela Toca Ogan. "Fomos na busca, nada certo ainda, tudo era verde, a gente era verde. Virei pra minha família e falei: se não for agora, vou ser músico de porta de barraco. Vou com eles." Tudo verde mesmo. No dia da viagem, já na rodoviária de Recife, um dos integrantes havia esquecido de levar justamente seu instrumento. "Canhoto voltou em Peixinhos para buscar a caixa, mas ainda bem que deu tempo", conta Gilmar, que se recorda também de um fato curioso: Otto não só lembrou de levar o sobretudo, como já foi vestido com o traje. "Ele usou dentro do ônibus, desde Recife. Que porra é essa? Foi a primeira vez que vi um sobretudo."

Após uma breve contribuição no começo da Nação Zumbi, Otto agora integrava a Mundo Livre S/A. Ele, que morou em Paris no final dos anos 1980, não iria passar frio em São Paulo.

> # da lama ao caos
>
> cérebro esquerdo • loustal • eddie
> mundo livre s.a.
> chico science e nação zumbi
>
> show de lançamento
> da **manguetour '93**
>
> domingo. 30 de maio 17:00h
> Via Brasil (antigo som das águas)
> Rua das Pernambucanas. graças

Cartaz de H.D. Mabuse para o evento
Manguetour'93, o qual patrocinou a viagem
ao Sudeste, já antecipando o título do álbum.

20. Pau-do-índio na Manguetour

De Recife a São Paulo, foram dois dias dentro de um ônibus, alternando cansaço e excitação. Um caderno de Chico serviu como diário de bordo. Ali ficaram registradas impressões da estrada e situações divertidas. Goretti, que guarda com cuidado vários caderninhos do irmão, lembra da seguinte anotação: "Chico disse 'na volta eu venho por cima', ao que Fred respondeu: 'Só se for de surfe rodoviário.' Mas Chico foi profético", alerta, "porque acabou voltando mesmo foi de avião."

Em São Paulo, as bandas se dividiram no momento da hospedagem; parte foi instalada em um albergue no Pico do Jaraguá e outra foi baixar no apartamento de um amigo que, até aquele momento, não tinha noção de quanto a diversão virara coisa séria. O amigo era o escritor e jornalista Xico Sá. "Passei a receber telefonemas na minha própria casa, de jornalistas do lugar onde eu trabalhava", conta Xico, então repórter do caderno Brasil da *Folha de S.Paulo*. "Eu estudei com Fred, conhecia todo mundo, eram as bandas dos amigos. Não tinha me dado conta de que era uma puta história mesmo. Lembro de Pena ligando, gente de gravadora, TV. Minha casa passou a funcionar como escritório, virou a embaixada do Manguebeat", diverte-se.

As informações são imprecisas, tanto no que se refere a quais gravadoras quanto ao que interessava naquele momento, se era Chico Science & Nação Zumbi, Mundo Livre S/A ou a coletânea. Com a palavra, o Ministro da Informação, Renato L.: "Não lembro exatamente quais. Teve uma que a gente visitou quando os caras do Tears for Fears tinham se separado e o *boss* da gravadora tava meio puto com isso. Mas eu só participei dessas rodadas iniciais. Depois Chico e Fred tocaram pessoalmente as negociações."

Segundo Renato, "um misto de ingenuidade e convicção" pautava as conversas. "Cheguei a discutir com um empresário que sonhava com um produtor de axé para o disco da Nação, enquanto eu defendia que o nome certo, que nos faria ganhar rios de dinheiro no Meio-Oeste americano, seria o de Rick Rubin". Não seria nada mau já que Rubin foi produtor de vários nomes do hip hop, como LL Cool J, Beastie Boys e Run DMC.

Diferentemente do que essa marra fazia crer, era um exército brancaleônico que avançava por terras paulistas. "A verba arrecadada nos shows em Recife acabou assim que as bandas desceram do ônibus", entrega Renato L. Duros, porém organizados. Entre suas armas, traziam o Kit Mangue – uma eficiente ferramenta de marketing. Camiseta, fita demo, colar de plug e chapéu de palha faziam parte do pacote, além da garrafinha de pau-do-índio, um elixir de efeitos revigorantes. Por mais absurdo que pareça, a bebida foi servida à plateia e ao apresentador do programa Fanzine, na TV Cultura, o escritor Marcelo Rubens Paiva. "É feito a fórmula da Coca-Cola", disse Chico Science, ao ser indagado sobre a misteriosa composição à base de ervas.

O programa recebeu as duas bandas, com direito a um número musical de cada, ao vivo no estúdio. Chico e Fred participaram do bate-papo, ao lado do jornalista Carlos Eduardo Miranda. Ao rever essa edição do Fanzine que foi ao ar em 8 de junho de 1993, um dia antes do show do Aeroanta, noto que tanto Fred quanto Chico conseguem, minimamente, explicar no espaço reduzido de um programa de TV do que se trata o Manguebeat. Fred mais eloquente, Chico mais econômico. Um jogo sem conflito, onde um levanta e o outro corta. Paradigma de uma relação complementar. "O acadêmico e o cara da periferia", como notou Fred, não deixavam a bola cair.

21. "Chico cagou na minha cabeça"

Deu na *Folha de S.Paulo*: "Chico Science está negociando com a gravadora Sony", o que confirmava o boato que corria desde o festival Abril Pro Rock, em abril de 1993. Na matéria assinada por Mário Cesar Carvalho, a Mangue Tour foi destaque no caderno Ilustrada. Tendo o show do Aeroanta como gancho, a seção Acontece abria com o seguinte título: "Recife mostra som de rua de 5ª geração". Ao jornal, Chico, 27 anos na época, declarou: "Tudo me interessa: do som da buzina de carro ao acid jazz."

Naquela noite, o show Som do Mangue correspondeu à expectativa criada pela mídia e o boca a boca na capital paulista. Chico Science & Nação Zumbi e Mundo Livre S/A levaram para o Aeroanta mais do que o público habitual. Nunca se viu tantos músicos, jornalistas, produtores, executivos de gravadoras para ver bandas em começo de carreira.

A jornalista Bia Abramo estava lá e faz um paralelo com o underground paulista dos anos 1980: "Vi ali muita consistência, uma música intrigante e fresca, com liberdade de pensar a música brasileira, de chegar no pop. Minha sensação é que conseguiram ir além do que nossa geração tentou fazer, com mais consequência. Deu até um pouco de inveja", diz rindo.

No palco, não demonstraram nervosismo nem insegurança diante da plateia ilustre. Partiram para o combate. Aquele "vamos guerrear", preconizado por Chico, funcionou. Ainda mais sabendo que futuros negócios poderiam sair dali.

Jorge Davidson, diretor artístico da Sony, foi a São Paulo especialmente para assistir a Chico Science & Nação Zumbi. Ele, que já conhecia o trabalho da banda pela fita demo e pelo material de divulgação, queria confirmar ao vivo suas boas impressões. "Quando vi o Chico no palco imediatamente me lembrei de

Jackson do Pandeiro, que eu adorava desde menino. Não como imitação, mas o jeito. E a performance do Chico foi muito impactante." Ainda mais convencido de que deveria contratá-los, Jorge tratou de formalizar a intenção. Aguardou pacientemente Chico sair do camarim para interpelá-lo. Apresentou-se, elogiou o show e, por fim, disse que queria conversar. Chico agradeceu e, sem demora, encerrou o papo: "Beleza, mas fala com meu empresário que vem logo aí atrás – apontando para Jujuba." E saiu andando. Jorge ficou perplexo diante da atitude. "Ele literalmente cagou na minha cabeça." Chico, ardiloso que só, estava ciente do que possuía e sabia como valorizar seu passe. Estava lidando com a pessoa certa.

"Sempre gostei de artista marrento, no bom sentido. Não tinha que ser humilde por estar diante de um cara de gravadora. Ele sabia das próprias virtudes." E assim Jorge os convida para "uma conversa com a companhia", no Rio de Janeiro. O que só aconteceria depois de a Manguetour passar por Belo Horizonte.

Ainda em São Paulo, no apartamento do amigo Xico Sá, a movimentação chegou à cozinha. "Lembro deles com vários sacos de pão, fazendo sanduíches pra levar pra viagem." Mas o que mais marcou o jornalista, na ocasião, foi o discurso de Chico. "Ele tinha convicção pura. A ponto de dizer que o ideal era ter casa no Recife, São Paulo e Nova York ou Chicago. Os meninos tiravam onda. Só que não era brincadeira. Era no sentido de passar temporadas nessas cidades. Chico tinha certeza do que estava fazendo e do tamanho que ia ser."

22. Chico Salles em BH

Ao seguir pela Fernão Dias, a rodovia que liga São Paulo a Belo Horizonte, os pernambucanos talvez não soubessem, mas, em outro veículo, havia um gaúcho, fã de primeira hora, e um paulistano muito curioso. Todos se encontrariam mais tarde no mesmo destino: o bar Drosóphila, a próxima parada da Manguetour.

O gaúcho tinha visto o show "destruidor" dos pernambucanos no Aeroanta e carregou o amigo para a estrada. Criado em Osasco, município da capital paulista, Rodrigo Brandão ouviu várias vezes aquele nome durante a viagem: Chico Salles. Talvez pelo sotaque do amigo gaúcho, ou pelo jeito rápido de falar, ele entendeu Salles em vez de Science. O gaúcho era Eduardo Dorneles, que atravessou os anos 1980 sob a alcunha de Edu K, o líder da banda DeFalla. Sua inquietação o fazia mudar de gênero musical como quem troca de figurino – o que, aliás, também acontecia com frequência. "Inventei o movimento No Genre (Sem Gênero)", brinca.

Durante a década de 1990, já contava com Marcelo D2 e o próprio Chico Science entre seus admiradores. "Qualquer um que gostasse de som pesado e funkeado curtia o DeFalla, independente da fase", atesta Rodrigo. Ele ficou amigo de Edu depois de um show em São Paulo, ao entrevistá-lo para seu fanzine, *Sentinela dos malditos*. O interesse pelo hip hop os aproximou ainda mais. E, naquele ano de 1993, Edu K colocou Rodrigo sob sua tutela, convidando-o para "dobrar voz" nos shows. E foi assim, como parte da trupe do DeFalla, que Rodrigo desembarcou na capital mineira para pisar no palco da PUC. "Hoje você foi bem", disse Edu K, aprovando, enfim, seu pupilo. Isso já seria uma conquista e tanto para o moleque de Osasco, mas o melhor estava por vir.

Ao chegar ao bar Drosóphila, Rodrigo Brandão viu "um maluquinho meio punk tocando cavaquinho". Seria o tal Chico Salles? Não, era Fred Zero Quatro, com a Mundo Livre S/A. Ele, que cresceu ouvindo punk e hip hop e considerava música brasileira "coisa de véio", prestou atenção naquele som regional "bem louco". "Agora espera pra ver o Chico Salles", advertiu Edu K. Quando entraram os tambores da Nação Zumbi, Rodrigo entendeu de imediato que não havia exagero algum na propaganda do gaúcho. "Foi soco na cara. Groove, psicodelia, distorção do metal... a conexão entre Brasil e África." Sabendo que tinha acertado no alvo, Edu sentenciou com um sorriso triunfante: "Olha como funciona."

Além do impacto sonoro, Rodrigo sentiu a genialidade de Chico como letrista assim que soaram os primeiros versos de "A cidade". "Não era pregador nem professoral. Era um discurso intenso, original." Ele também detectou algo inédito no vocal: "Chico seguia o flow da embolada, do repente. Vi pela primeira vez um MC de hip hop com estilo brasileiro."

Ao notar a presença de Edu K na plateia, Chico Science o chama ao palco. "Nisso, o Edu me puxa também. Quando vi, tava lá no meio, fascinado, bem no olho do furacão." E contribuindo nos vocais. Rodrigo lembra da "versão maloqueira" de "A banda do Zé Pretinho", de Jorge Ben Jor. A letra original foi trocada por "a banda de Chico Science chegooou/ para ZOAR a festa".

Depois do show, quando o público já havia se retirado, formou-se uma rodinha com músicos das duas bandas. "Todo mundo dançando ao som de Arrested Development", conta Rodrigo. Para quem vinha de uma cena musical alicerçada por festas autoproduzidas, era natural que tudo terminasse na pista.

Ainda sobre essa noite, na lembrança de Fred Zero Quatro vem a seguinte frase de Edu K: "Lança logo esse disco que eu quero samplear tudo." O gaúcho não lembra de nada, mas garante: "Com certeza, devo ter dito isso. É a minha cara. Samplear ou ser sampleado é um puta elogio. Zoeira, mas é sério. Queria roubar aquilo pra mim."

Alguns anos depois, Edu K foi um dos produtores de *Carnaval na obra*, terceiro disco do Mundo Livre S/A. E fez um dos remixes de "Maracatu atômico", convidado pela Sony e lançado no disco *Afrociberdelia*, à revelia da banda. "Não sabia de nada, fiquei puto e eles mais ainda, com razão. Fiquei mal porque amo os caras. Eram meus broders, meus filhos", lamenta.

Já Rodrigo Brandão se tornou VJ da MTV no ano seguinte, onde reencontrou Chico Science, em 1994. "Quando a porta do elevador se abriu, ele deu de cara comigo e pirou nos meus óculos. Na hora já pediu para trocar pelo dele." Estreitaram a amizade trocando também descobertas musicais. Anos depois, em 2014, Rodrigo, vulgo Gorila Urbano, formaria com o guitarrista Lúcio Maia o grupo Zulumbi.

Em um único momento da nossa conversa, a fala acelerada de Rodrigo cede lugar à serenidade de um iogue. Pergunto a ele o que havia perdurado daquela noite em BH quando sucumbiu ao que viria a ser o *Da lama ao caos*. Respirou fundo e, como se representasse toda uma nação, proferiu: "Um orgulho danado de ser brasileiro."

23. A volta por cima

Em julho de 1993, terminada a Manguetour, as duas bandas retornaram a Recife de ônibus, exceto Fred Zero Quatro e Chico Science. Os dois voaram, literalmente, para o Rio de Janeiro a convite de Jorge Davidson. Ao perceber que não era o único impressionado com Chico Science & Nação Zumbi, contratá-los tornou-se uma questão premente para o diretor artístico. "Assim que voltei de São Paulo, falei logo com o Roberto Augusto [presidente da Sony Music Brasil na época]: 'Isso é espetacular. Não pode deixar passar.'"

Na sede carioca, Jorge já aguardava Chico e Fred para dar início à visita de praxe. Conheceram o presidente da companhia, as instalações, os departamentos. Do alto do imponente prédio na Praia do Flamengo, a impressão é que realmente haviam chegado por cima. Aos poucos, a situação foi se complicando. Havia planos claros e imediatos para Chico Science e outros mais nebulosos para Fred Zero Quatro.

"Foi Chico quem levou o Fred para as reuniões na Sony. Ficamos o dia inteiro juntos, fomos almoçar na [churrascaria] Rio's, sempre com ele e Fred do lado. Aquilo me causava um certo desconforto", desabafa Jorge. "Eu não estava muito interessado no Mundo Livre S/A. Nunca disse que não queria, mas também não propunha nada pra eles."

O que Fred estava fazendo ali, afinal? Será que Chico, sob influência da dogmática proposta de cooperativa, havia incluído o amigo na conversa? Ou Jorge, por impulso, acabou chamando os dois, ainda sem nada definido? Passados mais de vinte anos, os motivos se perderam pelo caminho. Pelo relato de Fred, ser um estranho no ninho, naquele momento, não o afligia. Ainda que pouco consistente, algo lhe foi proposto, sim.

"Eu já tinha dez anos de garagem e material pra disco triplo. Quando fui conversar na Sony, não foi à toa. Vieram com a proposta de uma coletânea com bandas de Recife e eu seria quase um curador. Eu fugi de uma situação muito complicada. Mas teve um momento em que pensei: 'Será que fiz merda?' A minha sorte foi que eu já tinha tido um contato bem positivo com Miranda. Ele me deu o toque sobre o selo Banguela, dos Titãs, mas ainda era uma utopia. E me dizia: 'confia em mim, que depois de contratar os Raimundos, trago vocês.' Me vali dessa possibilidade e recusei a coletânea." A possibilidade se confirmou um ano depois, em 1994, quando os Titãs criaram o Banguela Records, com o jornalista Carlos Eduardo Miranda como diretor artístico. Tanto Raimundos como Mundo Livre S/A estrearam no selo. Distribuído pela Warner, mesma gravadora dos Titãs, o Banguela durou menos de dois anos. Depois, seguiu com outro nome, Excelente Discos, vinculado à gravadora Polygram.

Na década de 1990, as gravadoras multinacionais viram nos selos uma saída para atender novos talentos do pop/rock nacional, que eram trabalhados com orçamentos mais enxutos. A EMI distribuía o Rock it!, selo dos músicos Dado Villa-Lobos (da Legião Urbana) e André X (da Plebe Rude). A BMG reativou o Plug, que cumpriu o mesmo papel nos anos 1980, com o fotógrafo e radialista Maurício Valladares como diretor artístico. Era nesse nicho de mercado que a Sony Music mirava quando lançou o selo Chaos.

É curioso notar que a situação vivida por Fred naquela conversa inicial na Sony foi de certa forma recriada anos depois num videoclipe do Mundo Livre S/A. Em "Melô das musas", os executivos criticam o visual da banda e acabam substituindo seus integrantes por modelos. O novo vocalista usa cabelo black power e um boá! O jornalista Xico Sá reforça a intenção: "É muito inspirado na memória dessa reunião na Sony. Queriam formar uma outra banda e colocar Fred para compor, botar uns negões pra cantar..."

Já a conversa com Chico seguiu adiante e com certa urgência. Mesmo com a ressalva de "só deixar o Rio depois de assinar", o processo levou alguns dias. Para o diretor artístico Jorge Davidson não restava dúvida: "A Sony era uma grande companhia. E, modéstia à parte, o Jorge tinha um nome nesse negócio, tinha colaborado com a revelação de diversos artistas no segmento deles. E Chico sabia disso."

Assim que entrou na Sony, em 1993, Jorge Davidson iniciou um cast de novos nomes para o selo Chaos com os bem-sucedidos discos do Gabriel, o Pensador e da banda Skank. Seu prestígio como diretor artístico vinha da atuação em outra gravadora, a EMI-Odeon, onde contratou os então novatos Legião Urbana, Paralamas do Sucesso e Marisa Monte.

Sim, Chico sabia disso. Assim como sabia o que tinha nas mãos. "Chico deu um certo trabalho pra assinar", admite Jorge, referindo-se à tentativa de melhorar condições contratuais. E a banda foi consultada? Que nada. O guitarrista Lúcio Maia esclarece: "Chico é quem tomava as decisões, o cara que impulsionava a parada. Era meio freak control e gostava disso. Não queria que ninguém tomasse as rédeas, nem banda nem empresário." Ainda assim, tiveram uma breve assessoria jurídica. "Um advogado chegou a ler o contrato. Era Flávio Valença, primo de Alceu Valença. Fomos até a casa dele e o cara atendeu a gente sem camisa", conta Lúcio, rindo. "Disse apenas que era padrão, 'podem assinar'. Só vimos depois. Era daqueles que a gravadora fica com tudo, um contrato leonino."

Jorge rebate: "Não era leonino. Era um contrato normal de artista novo, 10% de royalties, desconto de capa, duração de três anos, primeiro disco garantido e os outros, condicionais. Nada diferente do que foi com Skank, Paralamas, Legião." O que recorda da negociação é que Chico pediu um pouco mais de royalties. "E também queria 2 + 1 em vez de 1 + 1 + 1. Essa cláusula se refere à gravação de discos. No contrato-padrão, se o primeiro disco fosse mal, o artista ia embora sem oportunidade."

Se nem a banda estava ciente dos detalhes desse processo, os amigos e parceiros muito menos. DJ Dolores lembra que "só soube depois que já haviam assinado com a Sony. E nem Fred sabia. Se sentiu traído porque tinha o projeto de ser conjunto". Fred Zero Quatro se refere a esse momento como "estressante". "Soube, indiretamente, que já existia uma carta de intenção da Sony e Chico não tinha avisado pra gente."

O contrato com o selo Chaos foi assinado dias depois, em Recife, segundo o guitarrista Lúcio Maia. "Me recordo de um show que fizemos praticamente para a comitiva da Sony, para fechar mesmo." O assédio da gravadora, no início camuflado por Chico, acabou atiçando mais adiante seu lado zombeteiro. Em entrevista para o site UptoDate, em 1996, o jornalista Walter de Silva pergunta: "Como é que vocês caíram na Sony?" Ao que Chico corrige: "Foi a Sony que caiu na da gente."

24. Abuse e use

Antes de entrar em estúdio para gravar o *Da lama ao caos*, Chico Science & Nação Zumbi seguiam com a agenda de shows. No primeiro domingo de agosto de 1993, lotaram o Circo Maluco Beleza na última noite do festival Rock'n'Roll Circus (em alusão ao filme dos Rolling Stones). Mais uma produção de Paulo André Pires, criador do Abril Pro Rock.

Logo depois desse evento, Paulo André atendeu à solicitação de seu primo, que trabalhava na Empetur – Empresa de Turismo de Pernambuco: produzir algo para entreter uma equipe de filmagem vinda de São Paulo. Estavam na cidade para gravar um comercial da C&A. A campanha "Abuse e Use", com o bailarino Sebastian como garoto-propaganda, estava no auge. Paulo sugeriu fazer um show e pensou de imediato em Chico Science & Nação Zumbi como a atração local com "mais potencial e originalidade". No dia da apresentação, a bordo de uma caminhonete da Empetur, o produtor passa em Peixinhos, bairro da periferia, para buscar parte da banda. O ponto de encontro era a delegacia. Faltava um músico, o Gira. O motorista já não escondia o mau humor pela espera. Até que Gira aparece, andando bem devagar.

"Meu irmão, vamos nessa! Tamo atrasado, bróder! Que aconteceu?", diz Paulo, aflito. "Meu irmão, fui me rezar", responde Gira. "Mas não podia se rezar em outro momento?" "Não, véio. Quando tá com mau-olhado, tem que ser logo." "Bróder, entra nesse carro, rezado já, e vamos pegar a galera." Em Jardim Atlântico, bairro de classe média, Lúcio, Dengue e Chico já aguardavam. Paulo, percebendo como era "difícil trabalhar com a galera", não estranhou quando Chico, sentado a seu lado no banco dianteiro, desabafou. "Não tô dando conta. Vamos assinar com a Sony. Vou precisar de ajuda."

Depois de desentendimentos com o produtor Jujuba, era Chico quem acumulava a função. Paulo André aceitou na hora. "Abracei mesmo, sem saber qual seria meu percentual. No dia seguinte, fiz uma reunião com o grupo todo, entrei em contato com a gravadora. O convite não foi à toa. Na época, eu era uma das poucas pessoas a trabalhar com isso na cidade." Alguma experiência como empresário Paulo já tinha – o que lhe garantia reconhecer uma chance e não deixá-la escapar. Só não imaginava que sua vivência nos Estados Unidos fosse contribuir para a carreira internacional do disco *Da lama ao caos*, como veremos mais adiante.

Ao término da filmagem, a equipe paulista deixou o imenso banco de areia de Coroa do Avião. Na ilhota, já não se ouve a turbina do helicóptero usado para as tomadas aéreas. Riffs e tambores logo entrarão em cena. É noite quando cerca de oitenta pessoas assistem ao show de Chico Science & Nação Zumbi. Lá pelas tantas, alguém da plateia sobe ao palco. Imaginem o bailarino Sebastian dançando com Chico Science...

25. Chama o Lima

Um buquê de rosas chega à porta da casa em que Chico Science morava com a família, no bairro de Rio Doce, Olinda. O presente veio da gravadora Sony, parabenizando o novo artista. Foi dessa maneira que dona Rita tomou conhecimento dos rumos do caçula, cuja saúde havia sido sua maior preocupação por conta das crises de asma durante a infância. Goretti, irmã de Chico, guarda a lembrança da felicidade da mãe com o contrato. "Ela o via fazendo as coisas, mas não se dava conta da dimensão."

O vínculo com uma gravadora era mesmo uma grande promessa naquela época. E mais um motivo para Lúcio não se arrepender de ter largado a faculdade de fisioterapia nem Dengue a de fonoaudiologia. "A música deixou de ser um hobby. Passou a ser profissão", orgulha-se o percussionista Gilmar Bolla 8, que, em breve, diria adeus ao emprego na Emprel. "Quando Chico voltou do Rio, chamou a gente pra contar da reunião na Sony. Disse que a gravadora tava mais interessada nele e que teve que brigar pela banda toda", relembra Gilmar.

Contrato assinado para Chico e banda, a briga agora seria outra: a escolha do produtor do disco. Arto Lindsay era o nome mais cotado por eles. Cidadão americano, Arto cresceu entre Garanhuns e Recife, antes de morar em Nova York, onde atuou na cena underground no final dos anos 1970, a *no wave*. Guitarrista com diversos projetos musicais, foi também produtor do álbum *Estrangeiro*, de Caetano Veloso, além de *Mais*, de Marisa Monte, entre outros. Arto Lindsay ouviu falar de Chico Science e Nação Zumbi pela primeira vez por intermédio de seu irmão, Duncan Lindsay. "Isso foi bem no início. Ele me contou que tinha uma banda inacreditável lá do Recife."

"Conhecemos o Duncan, que também achava que o irmão seria o cara ideal", conta Lúcio Maia. "A gente curtia aquela banda do Arto, a DNA, e gostava daquele som mais cabeçudo, nova-iorquino." DJ Dolores também palpitou na escolha. "Chama o Arto, dizia para Chico. Porque Arto tinha uma ligação com Pernambuco, toda aquela coisa do *no wave*, e a gente gostava muito do primeiro disco do Ambitious Lovers. Apresentei pra galera: 'Olha, tocam frevo também, esse é o cara.' Fiquei buzinando."

Quanto à escolha de produtores estrangeiros, o empresário da banda, Paulo André, alertava Chico. "Quando ele falava em Bill Laswell ou Arto Lindsay, eu dizia: 'Sem querer te frustrar, mas a Sony não vai querer bancar. Com esse orçamento, não vai dar.'" O nome de Arto Lindsay como produtor do disco de estreia de Chico Science & Nação Zumbi começou a sair na imprensa, ainda que a Sony não confirmasse. "Diziam que estava difícil contatar o Arto, ligavam pros Estados Unidos, mandavam fax... Aí falaram, 'mas o Liminha tá disponível. Se vocês quiserem, entram no estúdio daqui a uma ou duas semanas. Nesse sentido, foram muito manipuladores", analisa Lúcio.

Na lembrança de Arto Lindsay, agenda e orçamento foram os empecilhos. "Chico queria que eu produzisse o disco e eu disse sim. Mas eu já tinha outro compromisso e iria passar um mês viajando. Antes de ir, avisei que ia ficar sem comunicação por um mês. Na época, não havia tantos meios. Quando voltei, já tinham fechado. Pensaram que talvez eu fosse muito caro. Mas acho também que queriam dar pro Liminha, que era de casa. E Liminha fez um ótimo disco. Mas eu tinha avisado. Foi um pouco de sacanagem da gravadora."

Segundo Jorge Davidson, ele nunca procurou Arto Lindsay porque sua escolha já havia sido feita. "Trabalhei com o Arto quando ele produziu o disco da Marisa. Não tinha nenhum rechaço", garante o diretor artístico. "O Liminha era até concorrente como diretor artístico da Warner. Mas eu considerava que aquela coisa nova cairia bem nas mãos dele, pela qualidade musical. E, claramente, houve uma resistência por parte da banda. Eu insisti com a ideia. Não houve briga. Acabaram aceitando pelo histórico do Liminha."

O histórico do Liminha, àquela altura, já era prodigioso. A começar por sua estreia como produtor. Ele transformou as garçonetes que trabalhavam na discoteca de Nelson Motta – a Frenetic Dancin' Days – em um grupo de sucesso. Com mais de 100 mil cópias vendidas, o álbum *As Frenéticas* se tornou o primeiro disco de ouro da Warner, recém-chegada ao Brasil, em 1977. Desde então, vem fazendo jus à alcunha de Midas do Pop, produzindo e muitas vezes tocando em discos bem-sucedidos da Blitz, de Lulu Santos, dos Paralamas, dos Titãs, entre outros. Com Gilberto Gil, o produtor também excursionou e fez parceria no hit "Vamos fugir". Virou ainda seu sócio no estúdio Nas Nuvens, em 1984. Para completar, Liminha foi baixista da mais influente e cultuada banda de rock brasileira – Os Mutantes.

26. Gol no primeiro chute

"Era tudo uma gurizada ativa, elétrica, fazendo o que gostava e tendo um suporte à altura." É o retrato mais nítido que Jorge du Peixe guarda da gravação de *Da lama ao caos*. A gurizada era Jorge, Gilmar Bolla 8 e Gira (tambores), Toca Ogan (percussão), Canhoto (caixa), Lúcio Maia (guitarra), Alexandre Dengue (baixo) e Chico Science (voz). Ao verem a foto clássica da assinatura do contrato, enviada por Chico, constataram que em breve chegaria a hora de arrumar as malas e partir.

Quando deixaram Recife para morar temporariamente no Rio de Janeiro, já tinham endereço certo. Instalaram-se no Hotel Atlântico, em Copacabana, a 15 minutos do estúdio Nas Nuvens, no Jardim Botânico. Trouxeram na bagagem uma nova fita demo, a pedido da Sony. "Normal a gravadora querer ver o repertório antes", justifica Lúcio Maia. "Fizemos no estúdio Somax. Era o melhor estúdio de Recife na época, que era uma droga também", esculacha o guitarrista.

Mal chegaram ao Rio e logo se adaptaram à nova rotina, já que os trabalhos começavam cedo. "Saíamos do hotel por volta das nove da manhã. Uma Kombi levava todo mundo até o estúdio. A gente ia até umas sete, oito da noite. Almoçava lá mesmo e jantava no hotel", relembra Paulo André, empresário que passou a acompanhá-los a partir de então. Uma de suas funções era justamente não deixar a turma perder o horário, nem que precisasse "bater de porta em porta para acordá-los".

Para Gilmar Bolla 8, entre as melhores recordações daqueles dias está a hora do almoço. "Tinha uma cozinheira muito boa que trabalhava no Nas Nuvens", suspira. "A gente comia, comia e depois cochilava." Comandando um dos três tambores da banda, Gilmar se sentia "pressionado" pela responsabilidade que o contrato gerava. "A gravadora botou dinheiro, estava pagando por aquilo. A gente tinha que fazer direito."

Como não possuíam instrumentos de "verdade", ou seja, com boa qualidade, conseguiram uma verba adiantada para comprar guitarra e baixo. "Uma grana que veio do contrato com a editora das músicas, e não do orçamento do disco", segundo Lúcio. "O *Da lama* custou 60 mil, sem estourar", afirma. Já as baquetas do Canhoto, conta Gilmar, foram um presente do João Barone – o baterista dos Paralamas do Sucesso, que havia conhecido Chico no bar Soparia, no Recife, e visitou a banda no estúdio carioca.

Quem também esteve no Nas Nuvens foi Marcelo Yuka, baterista e letrista do grupo O Rappa. "Yuka, que também era fanzineiro, foi entrevistar a gente", recorda Jorge du Peixe. "Chegou lá com camisa de reggae, colarzão... lembro como se fosse ontem." Yuka confirma: "A entrevista era para um jornal criado pelo pessoal do AfroReggae, eu era um colaborador." Ele se refere ao *AfroReggae Notícias*, publicação que marcou oficialmente o início do grupo cultural, em 1993. A partir desse dia, ele, que já era fã, virou amigo da banda.

"O Nas Nuvens era um estúdio de nome, de peso. Cada vez que aparecia alguém, a responsa só crescia, queria fazer mais bem feito ainda", rememora o percussionista Toca Ogan. "Tudo era novidade, a gente foi amadurecendo ali." Com influência do candomblé – cabe ao ogã invocar a entidade, é quem "toca para o santo" –, Toca foi percebendo que a união da percussão com baixo e guitarra, instrumentos alheios à sua religião, "daria um bom casamento". "Como a gravação ia ficar pra sempre, era marcar gol no primeiro chute", crava ele.

Olhando pelo viés do futebol, temos uma molecada com muita fome de bola, passes e dribles criativos, mas pouca estratégia de jogo. Cabe ao produtor fazer as vezes do técnico e extrair o melhor desempenho de cada craque. Um dos primeiros desafios da banda foi fazer com que os tambores soassem como nas apresentações ao vivo. As primeiras sessões no estúdio foram dedicadas exclusivamente às alfaias. Lúcio admite que "não sabiam como fazer". Tentaram ao vivo, todos tocando juntos, e não deu. "Os tambores erravam muito e decidimos gravar separado." Era exigência de Liminha que "todos começassem a bater no tambor com a direita", conta Gilmar Bolla 8. "Fomos experimentando de todo jeito, com microfone direcional, outro ambiente..."

Chico, Lúcio e Jorge no estúdio Nas Nuvens, no Rio de Janeiro, durante a gravação de *Da lama ao caos*.

Jorge du Peixe ressalta que "era um formato novo, uma situação completamente nova em estúdio". "Os tambores têm corpo de madeira, são feitos de pele de animal, pele de bode, e eles vibram. Microfonar os tambores foi difícil até pra Liminha." Sobre a relação com o produtor, pondera: "Era exigente, sim, queria fazer o melhor, mas muito tranquilo. Tinha hora de ficar focado no trampo e horas de relaxamento."

Dengue, o baixista, garante que não houve nenhum tipo de estresse, e só tem boas lembranças do produtor. "Costumo dizer que Liminha transformou a gente em músico. A gente era muito brincalhão e no começo não tocava com uma pegada constante, no mesmo volume. Ele pegava muito no nosso pé; foi ele quem assinalou isso. Depois, começamos a prestar atenção e mudamos. O que ele dizia, a gente ia atrás, ia buscar o melhor."

Conforme os instrumentos iam sendo gravados, os integrantes retornavam ao Recife. Só que Lúcio teve de regressar para casa antes, ainda durante a sessão dos tambores. "Fiquei uns cinco dias no hotel, de cama e separado de todo mundo. Achava que era alguma coisa no dente, porque tava tudo inchado perto do pescoço. Cheguei a ir ao dentista. E era caxumba." O guitarrista passou quase um mês em Recife, se recuperando. "Ficava ligando pros caras pra saber de tudo. Eles iam me contando e eu ficava louco, querendo estar lá com eles." Quando retornou ao Rio, tambores, caixa e baixo já estavam gravados. Faltavam ainda guitarra, voz e samplers.

Sobre samplers, Jorge recorda que já levaram para o Rio o que seria usado no disco. "A gente só dechavou lá no estúdio. Passou para um DAT na época, que tinha qualidade legal, mostrava os fragmentos para Chico Neves e dizia 'essa parte é aqui, isso é aqui'. Era o caos organizado", diverte-se.

Chico Neves era, na época, o profissional mais indicado para lidar com aquela nova tecnologia. "Sampler quer dizer 'amostra'. E tem o instrumento sampler, onde se gravam essas amostras, possibilitando você editar, cortar, manipular, transformar, alterar a velocidade, o pitch... fazer o que desejar. Depois, reproduz esses sons tocando em um teclado", explica o produtor musical. Seu primeiro contato com sampler foi gravando o álbum de estreia de Fernanda Abreu, SLA Radical Dance Disco Club (1990), produzido por Fabio Fonseca e Herbert Vianna. "Fabio tinha um Akai S900, que usava com sons de instrumentos. No *Da lama ao caos* usei Akai S1000."

Segundo Chico Neves, as sessões no Nas Nuvens eram divertidas, com todos bem curiosos com as possibilidades de utilização do sampler. "A maioria dos sons já estava pré-selecionada. Eles me mostravam o que queriam samplear e onde inserir nas músicas. Eu fazia toda a operação. Depois de todas as edições necessárias pra cada sampler, eu passava para o teclado e a gravação era feita."

As faixas que tiveram samplers inseridos por Chico Neves, como consta no encarte, são seis: "Rios, pontes & overdrives", "Samba Makossa", "A cidade", "Antene-se" e "Coco Dub (Afrociberdelia)". "Lixo do mangue" está creditada a Chico Science. "Chico deve ter tocado na hora de inserir na música", esclarece Chico Neves, hoje um dos produtores mais requisitados do país.

Os turnos no estúdio foram mudando no decorrer da gravação. As sessões podiam varar a madrugada. "Era das sete da noite até umas quatro da manhã. Liminha sempre ficava cansado. Quando dava duas, três da manhã, começava a cochilar, e acabava indo embora. Ele dizia: 'Cara, acordo cedo, esse horário é ruim pra mim'", conta Lúcio. Havia motivo para começar tão tarde? "Deve ter sido a gente que estipulou esse horário. Na época, todos eram notívagos. Acordar às duas da tarde era normal."

A ausência temporária por conta da doença acabou favorecendo Lúcio. "Teve todo um enfoque voltado pra guitarra, sem pressa de ter que gravar outro instrumento na sequência." Nesse segundo momento, porém, a relação com Liminha foi ficando "mais desgastada". "Por causa do tempo", explica o guitarrista. "Lembro dele preocupado com o orçamento quase estourado, querendo agilizar todo mundo."

Quanto às presumíveis rusgas no estúdio, o diretor artístico da Sony não chegou a interferir: "Eles reclamavam, tinham uns choros... 'Puxa, ele não entendeu isso, quer que a gente altere aquilo.' Não foi uma gravação que transcorreu com facilidade", admite Jorge Davidson.

Os embates não foram só entre banda e produtor. A liderança natural de Chico – tão fundamental para impulsionar a banda – se revela um tanto castradora, ao menos para parte dos integrantes. "Eu fui um cara que bati muito por causa disso. Coisas que queria participar e ele não deixava", confessa Lúcio Maia. "Até que comecei a assumir uma característica. Por causa do Liminha e do *Da lama ao caos*, passei a prestar atenção em como funcionava um estúdio. Aprendi como que grava, como se tira um som melhor, que microfone se usa... Aí Chico foi vendo que funcionava e deu uma relaxada." A postura de Chico Science, centralizador desde os primórdios, não incomodava Gilmar Bolla 8, parecia-lhe até positiva. "Chico tava sempre preocupado com tudo, o tempo todo. E com o som dos tambores, dizia muito isso: 'Tem que ficar pesado.'"

Sobre Liminha, Chico Science deu a seguinte declaração à revista *General*, publicada em janeiro de 1994. "Não foi nossa primeira opção, mas foi ótimo trabalhar com o Liminha. Ele deu altos toques sobre guitarra, baixo e samplers. Mas nada que alterasse o curso natural das coisas. Porque o que precisávamos mais era de alguém que conduzisse nossa trip."

"Liminha deu atenção pra todo mundo. Lembro dele sentado, pacientemente, com as guitarras. E sugeriu muita coisa. Era de cobrar, puxar mais. Sabia do talento de cada um e onde poderia espremer", garante Jorge du Peixe. Lúcio reconhece que o *Da lama ao caos* não seria o que é hoje se não fosse Liminha. "Foi o cara que fechou o disco e o transformou no que ele é. Todo mundo que vai trabalhar com ele pensa, 'o cara foi dos Mutantes', além de tudo que fez nos anos 80. Aprendemos muito com ele", diz, porém, sem ignorar a relação tensa com o produtor. "Liminha tem um jeito 'tough' de trabalhar. Um cara durão, que sabe ser direto, mesmo que tenha que pisar um pouco. Ele percebeu o potencial da gente, mas precisava espremer aquela laranja", entrega o guitarrista. E emenda: "e foi nessa espremida da laranja que a gente ficou 'magoadinho'", diz, rindo. Fiquei na dúvida se a tal "espremida" foi além do esperado. Até conversar com o diretor artístico da gravadora.

"O Liminha foi muito duro com os garotos?", pergunto a Jorge Davidson. "Com os garotos, não. Com todos os artistas!"

27. Que venha a tempestade

Uma tromba-d'água está prestes a desabar sobre a Zona Sul carioca. Escondida entre árvores, numa subida do Humaitá, estamos – licenciosamente – Nas Nuvens. Falta pouco para a vultosa nuvem negra encostar no telhado do casarão. O portão range e se fecha sozinho. Já havia estado outras vezes aqui, entrevistando artistas no período de gravação, quando era repórter da *Bizz*. Agora, agosto de 2015, a escadaria parece mais íngreme. E infindável. O segundo portão está trancado com um cadeado. Procuro a campainha. Vai chover logo. Sinto algo tocar meu ombro. Me viro e dou de cara com ele, Liminha.

"Entra, entra! Tenho uma novidade pra você." Nem o boné nem os óculos disfarçam o olhar faiscante do anfitrião. Como a fúria do vento, enche o pulmão e brada: "Finalmente, encontrei! Encontrei as faixas abertas!" Ele está radiante e me agradece por eu ter insistido na busca. Liminha possui um volumoso acervo com todas as gravações realizadas no Nas Nuvens. Dali saíram alguns dos maiores sucessos das décadas de 1980 e 1990, principalmente do rock e do pop nacional. Com certeza, as faixas estavam guardadas, mas onde exatamente ele não sabia. Mas o motivo para tamanha euforia era outro: "Fora uma ou duas faixas que abri para um programa da MTV, nunca mais ouvi." Ou seja, desde a gravação do disco, entre 1993 e 1994, Liminha não escutava todas as faixas abertas do *Da lama ao caos*. As faixas abertas contêm todos os instrumentos e vozes gravados separadamente, cada qual em um canal. Além de obter informações sobre a gravação, eu pretendia que a audição funcionasse como gatilho, resgatando nacos da memória engolidos pelo tempo. "Faz mais de vinte anos e já produzi tanta gente..." Tanta gente, a essa altura, seria algo em torno de 180 discos.

A primeira vez que ouviu Chico Science & Nação Zumbi foi através de uma fita cassete. "Talvez Jorge Davidson tenha enviado para Los Angeles. Na época, morava aqui e lá. O cassete era super mal gravado, com todo mundo tocando junto, mas dava pra perceber o conteúdo, conceito novo de som, diferente de tudo que tinha ouvido até então."

A banda tocando ao vivo, Liminha lembra de ter visto numa festa fechada da Sony, na Fundição Progresso, no Rio, durante o período de gravação do disco. Foi ali que chegou aos seus ouvidos a seguinte previsão: Chico Science & Nação Zumbi seriam "a nova Daniela Mercury". Ele abaixa o tom, quase segredando: "Imagina. Nem artisticamente nem comercialmente."

Atravesso os corredores do Nas Nuvens, entre paredes cobertas de discos de ouro. Em uma das salas, uma mesa de som pisca em silêncio. Antes de iniciarmos a audição, quero saber sobre o processo de gravação. "É incrível como tudo foi resolvido em 22 canais, com apenas um adjacente. E saiu essa sonzeira toda. Era um processo chato, tinha que voltar carretel. Naquele tempo, não tinha o auxílio da tecnologia, era tudo em fita [magnética] e não tinha automação. A gente dava uma boa ralada. Mas eles foram tão compenetrados, aplicados, os moleques ficavam mortos. Na gravação é que foram entender como poderiam tocar melhor." Eram muito crus, sem noção de estúdio? "Olha, pra quem nunca tinha entrado no estúdio, eles tocaram melhor que muita banda que já produzi", elogia.

Sugiro ao leitor que, a partir de agora, ouça o disco *Da lama ao caos* enquanto acompanha os detalhes revelados por Liminha na audição das faixas abertas. Não que seja imprescindível para a leitura deste capítulo, mas certamente ficará mais saboroso.

Abre-se o canal de voz da faixa 1. Ainda que Chico estivesse escutando a base musical no fone de ouvido, para guiá-lo durante a gravação, sua voz sozinha, sem acompanhamento, soa mais contundente. Ao final de "Monólogo ao pé do ouvido", Liminha aponta para seu antebraço, arrepiado. "É, rapaz, Chico Science não é Chico Science à toa. E isso é o que falta hoje. Essa convicção para falar as coisas." Ele se recorda de Chico sentado no sofá, com suas anotações de letras, ideias de samplers. "Tinha tudo na cabeça. Sabia bem o que queria usar. E era muito bem-humorado." Outro canal, agora com guitarras. "Esse 'béum-béum' tem pinta de ser caco da guitarra do Lúcio", arrisca.

Liminha se ajeita na poltrona e passa para a faixa seguinte, "Banditismo por uma questão de classe". Ele chama a atenção para as guitarras que se espalham. E não economiza elogios para Lúcio Maia. "O cara já veio assim, habilidoso, muito musical. Dava uma ideia e ele pegava. E o Lúcio ainda é estiloso."

Em "Rios, pontes & overdrives", a percussão se junta à eletrônica. Liminha comenta sobre a captação do som das alfaias. "Tudo isso é som ambiente, para dar um grave no som dos tambores." Ele mostra o loop de um pandeiro. Como num passe de mágica, as lembranças vão brotando. "Parece alarme disparado, né? É um eco com delay." No canal de voz, Chico imita o som da guitarra. Pergunto se a voz foi dobrada. "É, na verdade foi triplicada, quadruplicada. Ele próprio ia dobrando e em cada canal fazia num tom diferente, variava as notas." Um canal só para "molambo eu, molambo tu", outro para a lista dos bairros. Ao todo, cinco canais só de vozes.

Vozes também soam diferente em "A cidade", a próxima faixa. "Dá pra ouvir por baixo. É uma voz que a gente inverteu, para dar esse efeito... como é mesmo que começava?" Com um trecho de "Boa noite do velho faceta" como música incidental, respondo. "Ah, me lembrava Mauro e Quitéria, dos Titãs." Liminha se refere ao casal de cantadores que a banda conheceu na praia, em Recife. Lá mesmo gravaram a dupla e esse registro entrou no disco *Õ Blésq Blom*, produzido por Liminha em 1989.

Mais adiante, outra descoberta: "Achei aqui um som meio escaleta. É um clavinete que devo ter tocado." É comum Liminha também colaborar como instrumentista nos discos que produz, tocando baixo e/ou guitarra. Mas no encarte do *Da lama ao caos* não há nenhuma indicação deste ou outro instrumento. Liminha se anima e abre vários canais. "Sabe o que é? Eles têm uma negritude; é banda com suingue. Não é rock de branco. Quando você pega uma música assim, que tem muito ritmo, se o andamento oscilar demais, não serve." E como isso foi possível se tinham tão pouca experiência? "É difícil mesmo tocar uma música de quatro minutos, certinho, o tempo todo. Eles tocaram com clique. Tem muito músico que esperneia até hoje para tocar com um metrônomo."

Chegamos em "A praieira" e Liminha se exalta. "Muito bom! Acho que vou abrir esse troço na mesa de som lá embaixo e fazer loucura." Ouve mais um pouco e olha em volta, como se tivesse uma visão. "O pessoal da percussão ficava tão cansado que deitava ali pelo chão." Passa pelas guitarras, reconhecendo cada efeito. "Tem guitarra distorcida, uma com wah wah, bem Hendrix, outra com Overdrive..." Ao ouvir a voz de Chico, repetindo o mesmo trecho com pequenas variações, ele comenta: "Olha como o Chico dobrava bem a voz. Acho que só vi a Rita [Lee] fazendo assim tão bem."

"Samba Makossa" vem na sequência. De onde saiu esse grave todo?, pergunto. "Eles queriam um grave absurdo. Se você gravar a pele de bateria muito próxima do microfone de voz, batendo de leve, sai esse som. Eu fiz e depois sampleei. Essas coisas a gente inventava meio rápido, na hora." A guitarra que salta agora é estilo juju music, gênero de música popular da Nigéria. Lúcio Maia atribuiu a ideia ao produtor. "Ah, com certeza. Essa guitarra africana é a minha cara", diz com uma ponta de orgulho. Canais de guitarra e de baixo vão se alternando. "Era tudo encaixado. Baixo com envelope filter [efeito que modifica o timbre natural do instrumento]... Isso é um mu-tron, que é um pedal mais funk. E repara que tem dois canais pro baixo nessa faixa."

Liminha acaba de lembrar de um episódio curioso. "Dengue tinha comprado um baixo novinho, um jazz bass, e não queria tirar o plástico que vem grudado. Ficou apavorado quando começou a descascar. Tipo o cara que compra o carro e não tira o plástico do banco." O produtor se sensibiliza com a inocência do gesto. Se faltava virtuosismo, compensavam de outro modo. E avalia: "Tocar bem, muita gente toca. Agora, chegar com uma ideia nova... As ideias são muito mais valiosas."

Chegamos à faixa-título, "Da lama ao caos". No canal de voz, Chico emite onomatopeias. Liminha comenta: "Ele devia estar imitando as guitarras, na intro. Ele ouvia alto pra cacete no fone." Dá para escutar um som como se vazasse dos fones de ouvido. Surge um assobio. De onde vem? "Não foi você?", pergunta Liminha. Não! Não fui eu que assobiei. O assobio está gravado. "É ele, é ele", confirma o produtor. "Só não sei se entrou ou não... Agora ele imita guitarra de novo. Tchan-tchan-tchan. Chico se divertia botando voz. Agora me veio a imagem dele aqui no estúdio com a sacola cheia de vinil. Parecia ser o instrumento dele."

"Maracatu de tiro certeiro" é a próxima música. "Olha esse baixo com distorção. E isso é 94, nego ousava muito... Essa tem guitarra pra caramba. Seis canais diferentes. O Lúcio era meio dono do disco", observa, rindo. "Vou remixar esse disco, dá a maior vontade." Liminha parece agora uma criança que redescobre aquele brinquedo que ficou anos guardado. "Abrir as faixas é um trabalho arqueológico. Quanto mais a gente busca..." Ouvimos atentos mais vozes dobradas de Chico. E cadê o berimbau?, digo. "Você me lembrou, foi André Jung, né? Toca bem o berimbau", diz, elogiando o então baterista do Ira!. Sobre a parte percussiva nessa faixa, ele garante que "foi gravado de longe, tambores e caixa, para pegar o som ambiente".

Passamos para a faixa seguinte. No canal de voz, ouvimos "1, 2, 3, 4", é Chico marcando "Salustiano song". Liminha se adianta e procura algo pela sala. "Aqui, nessa guitarra, tem um Ebow. Se bobear foi esse aqui", mostrando o aparelhinho. "Se você bota em cima de uma corda, ela fica vibrando sozinha."

Na próxima faixa, "Antene-se", uma constatação: "Esses caras fizeram milagre de performar desse jeito. E o interessante nesse processo é que eu espremi os garotos até o bagaço." Bagaço? Não foi essa figura que Lúcio usou, "a espremida da laranja"? É a deixa para a pergunta: "Então a fama de durão procede?!", provoco. Ele ri, com vontade, antes de responder. "É, posso ter sido. Tinha a diferença de idade também. Eram mesmo muito moleques. E era ótimo que fossem." Segundo ele, o alto grau de exigência pesou, para o bem e para o mal. "Considero meu trabalho com o Sigue Sigue Sputnik um marco. Eu fui trabalhar com o Gary Langan [produtor e engenheiro de som], que montou um puta estúdio lá na Inglaterra. E os ingleses têm uma perseverança, um cuidado que a gente não tinha. Quando gravava alguma coisa aqui, bastavam alguns takes e 'pra mim, tá bom'. Lá, não. Você continua futucando, esmiuçando, aparando arestas, passando lixa fina. Isso foi entre o *Cabeça [Dinossauro]* e o *Jesus [não tem dentes no país dos banguelas]*, que foi o disco dos Titãs em que cheguei com outro approach. 'Tá bom, mas pode ficar ótimo'. E eu fico totalmente frustrado quando sei que podia ficar melhor. Por isso, vou à exaustão mesmo."

Voltando para as faixas abertas, estamos agora em "Risoflora". "Essa voz... Ele deve ter gravado dentro da técnica, parece que tá guiando os caras, 1, 2, 3, 4, tá contando pra banda", observa Liminha, confirmando a liderança de Chico. "Tem uma voz-guia e outra dentro do estúdio, que tá limpa." Comento que talvez tenha sido a faixa mais difícil de gravar, já que ele está cantando em outro registro, menos falado. "Pode ser. Repara que ele nem brinca nessa. Mas segurou bem."

Passamos por "Lixo do mangue" e "Computadores fazem arte" descobrindo camadas de instrumentos e efeitos. "Só usamos alguns loops, mas até isso tinha que ser tocado manualmente pelos caras. Loop de baixo, fiz pela primeira vez." Liminha lembra que no início da década de 1990 ainda não existia o atual aparato tecnológico, com programas de áudio cada vez mais ágeis e sofisticados. "Hoje todo mundo faz loop com a maior facilidade", completa.

Assim que abre "Coco Dub (Afrociberdelia)", o produtor exclama: "Essa guitarrinha é demais!" Antes de abrir o canal de voz, pergunto sobre a origem da voz feminina dizendo 'Dona Maria'. É sampleada? "Nada, é o Chico." Ouvimos o vocalista repetir Lego lego lego lego lego lego leo... "Tudo ele fazia de boca", diz Liminha, ainda admirado. E agora, assobiou de novo? "Sim, e ele assobiava bem mesmo." Vaza a voz de Chico fazendo troça de alguém: "Sabe qual apelido que botaram nele? Cabeça dinossauro." Ouvem-se risos. "Era assim o tempo todo, a maior zoação", entrega Liminha.

E os tambores, afinal, como foram captados? "Alguns foram gravados com microfone perto. Acho até que chegamos a botar microfone instalado no tambor, mas, como se mexiam, mudava a toda hora. Também botamos o microfone a uma certa distância e gravamos os três tambores juntos. Quando fui masterizar o disco em Los Angeles, no Future Disc, o cara falou que nunca tinha ouvido um som assim. Na verdade, nesse disco você tinha uma bateria desmembrada, três tambores, percussão, congas. Não tinha prato."

A banda esperava um som grave, mais pesado. Ao menos, era o que corria na época. Sobre isso, Liminha não titubeia:

Desenho feito por Jorge du Peixe na parede da cozinha do estúdio
Nas Nuvens, durante a gravação de *Da lama ao caos*.

"Quando você assiste a um show, tem todo aquele visual, vê o cara batendo no tambor, o gesto. Realmente, ao vivo é impactante. Os tambores têm função de bumbo e tem que ter ataque, ser grave. Eles falavam: 'Pô, mas não tem peso.' E eu: 'Querem ver o que é peso?' E botava aquele grave do [Roland] 808, som de funk. Sim, porque é eletrônico. Avisei que não ia ter o som que eles imaginavam."

Quanto às críticas, diz que "lidou bem". "Se abrir no wikipédia, vai ver que tem 'Ah, o Liminha limpou demais o som'. Claro, estou sujeito a críticas sempre. Mas dou risada quando vejo que quem fala não entende nada." E avalia: "O som que a gente conseguiu com os tambores foi o melhor que podia na época. E eles deram o sangue. Entraram no estúdio de um jeito e saíram de outro. Também, com um intensivo desses."

A conversa vai chegando ao fim e não falei do seu grito. "Grito? Eu gritei? Quando?" Calma. Tranquilizo dizendo que foi na gravação de "Lixo do mangue", como creditado no encarte. Liminha sai em busca do grito primitivo. "Só pode ser isso. Um grito em que eu abaixei o pitch total." Ele então fecha a cara, dubla o próprio grito e ri.

Antes de sair, Liminha me leva até a cozinha. "Tem uns desenhos do Du Peixe no mural. Já viu?" Numa das paredes, coberta de desenhos e assinaturas de tantos músicos que passaram por lá, localizo a estátua do Cristo Redentor, transmutado pelo Manguebeat. Nos ombros, uma vara com uma corda de caranguejos em cada ponta. No lugar das mãos, patolas. No peito, um colar de plug, igual ao que os mangueboys fabricavam. Mais adiante, outro desenho. Um caranguejo gigante, como um Godzilla, agarrado a um amontoado de prédios. "Sob o calçamento, está o mangue", está escrito logo abaixo. E datado: 15/10/93.

No alto da escadaria, ao abrir o portão do estúdio, um último suspiro de Liminha: "Lembro deles exatamente aqui, descendo a escada, indo embora." Por alguns segundos, avistei os homens-caranguejos, saindo de andada, ouvindo a música dos trovões.

28. A antena fálica do caranguejo

O fundo é preto. Todo preto. O nome da banda está no alto. Em branco, sem letras maiúsculas, centralizado: "chico science & nação zumbi". É, tem esse detalhe, "&" em vez de "e". Logo abaixo do nome da banda vem o título do disco. Também em branco, tudo em letras minúsculas, menores que o nome da banda, "da lama ao caos".

É um caranguejo que ilustra a capa. Ou melhor, uma colagem que entrega um caranguejo quase inteiro. As patas do bicho estão erguidas, unidas, sobre as antenas. Antenas que estão em riste, atentas. Outro par de antenas se esgueira lá no alto da capa. O corpo do caranguejo é feito de recortes, fitas, retículas. Vermelho, azul e amarelo são as cores do caranguejo. A imagem parece fora de registro. O caranguejo no preto da lama e no caos colorido da colagem. É isso mesmo?

A capa do *Da lama ao caos* é tão simples, tosca até e, ao mesmo tempo, repleta de simbolismos. Precisa e atemporal. A escolha do caranguejo parece óbvia e, de fato, o é. O símbolo-mor do movimento mangue e personagem de várias canções é a síntese do conteúdo musical e estético do disco de estreia da banda. Mas a sacada foi usar uma colagem para representá-lo, o que remete à colagem de gêneros musicais, amalgamados, sobrepostos, em interseções sutis, talhados a estilete. A colagem é também uma analogia com o método artesanal, carente de recursos tecnológicos, que marca os primeiros registros de Chico Science & Nação Zumbi. A estética se filia à dos fanzines e das filipetas feitas com xerox. Por extensão, comunga com o lema punk "faça você mesmo", presente em toda a trajetória que culminou no disco. Nesse sentido, a capa, como representação visual do conceito e do repertório da obra, funciona. O inesperado é a gravadora ter aceitado uma arte que não "vende" o produto. O usual seria uma capa mais acessível, com uma linguagem menos cifrada. Uma foto da banda, por exemplo, seria mais coerente com a expectativa da Sony, a de um sucesso popular para o disco.

Talvez, como não conseguiram emplacar o produtor que desejavam para o *Da lama ao caos*, ganhassem ao menos liberdade de escolha em relação ao projeto gráfico. A tarefa coube a Helder Aragão e Hilton Lacerda, que assinavam como Dolores & Morales.

"Foi Chico quem bancou a gente lá na gravadora. Quando você é jovem, você é muito radical. Não tinha plano B", conta Dolores. "Chamou a gente para um churrasco na casa de Duda, namorada dele, e disse: 'Está tudo certo já. Vocês vão fazer a capa'. Mas não foi uma coisa que surgiu de um dia para outro." DJ Dolores, hoje premiado autor de trilhas para o cinema, era designer gráfico, trabalhava como ilustrador e produzia animações em vídeo. Sua participação ativa no Manguebeat, desde a produção de festas até a conceituação do movimento, dava-lhe boas credenciais. Hilton Lacerda, hoje roteirista reconhecido por filmes como *Baile perfumado*, *Amarelo Manga* e *Tatuagem*, este último dirigido por ele, pertencia à turma do cinema. Mas os lugares que frequentavam no começo da cena eram os mesmos, assim como a vontade de tirar a cidade da inércia através da arte.

No início dos anos 1990, a dupla Dolores & Morales já havia elaborado flyers, cartazes, cenários de shows, projeções, videoclipes e outras armações para as bandas do Mangue. Uma delas foi para o show do Mundo Livre S/A, no Teatro do Parque. A dupla criou intervenções para cada música. A cantora e percussionista Karina Buhr, de shortinho e miniblusa, atravessava o palco correndo e se atirava em cima de Fred Zero Quatro, como uma fã desvairada. Depois, entrava um padre jogando dinheiro. Detalhe: a banda não sabia de nada, só que iam "acontecer coisas" durante o show. Outra produção foi a festa natalina Mangue Feliz, em alusão a Noite Feliz. Durante os shows, na galeria Joana d'Arc, eram projetadas imagens que beiravam o absurdo, como o músico Otto com um saco na cabeça, de paletó e gravata e fumando um cigarro. Foi com essa liberdade criativa que pensaram no projeto gráfico do *Da lama ao caos*.

"A única coisa que a gente tinha certeza sobre a capa é que precisava soar tecnologicamente avançada. E a gente não tinha computador bacana para impressão. Só pra audiovisual, com resolução normal. A gente forjou tudo. Foi na base do estilete mesmo", entrega DJ Dolores.

No dia em que foram apresentar a proposta para a gravadora, tiveram, porém, uma desagradável surpresa. "Essa reunião sobre a capa é muito significativa, emblemática. Tava eu, Hilton e Fred Jordão, fotógrafo. O cara da Sony vai até o Recife, ao escritório de Fred. Não lembro se era gerente de marketing, de produto... enfim, ele puxou da bolsa um CD do Asa de Águia! Asa de Águia, pensa. A capa do CD era uma guitarra enfiada na areia com uma águia pousada na ponta do braço. E falou: 'A gente imagina uma coisa por aqui.' Aí os três se entreolham. 'Amigo, você ouviu a banda?' E ele: 'Não, mas é uma coisa meio

Bahia, de percussão...' E a gente: 'Nãaao, tá doido'", conta DJ Dolores, às gargalhadas.

Hilton lembra de uma outra "ordem" vinda da gravadora: as capas deveriam ter uma cor específica. "Porque daí no meio dos CDs, você pensa na capa vermelha, roxa... Ninguém, em nenhum momento, teve dúvida: não dava nem pra conversar. Chico comprou a briga." E completa: "A gravadora considerava nossa capa sofisticada, 'vai afastar o público'. O mais louco é que todo trabalho tinha sido feito com reticulação de xerox. Vendia uma ideia tecnológica, mas feita na gambiarra."

A dupla Dolores & Morales contava com uma rede de apoio. Tiveram, por exemplo, a ajuda de uma agência de publicidade, a única que possuía impressão de cera. "A gente precisava impressionar", confessa Hilton. O primeiro passo, antes da capa do disco, foi o projeto gráfico do single "A cidade", que traz um dado curioso. "Era uma foto do Fred Jordão e a ideia era transformar o olho de um caranguejo numa válvula", conta Hilton. "Tem uma piada interna. Não sei se pode contar", diz DJ Dolores, rindo. "A capa do single era o olho amplificado, lembrava uma válvula, mas também era muito fálico." "É, parecia mesmo... um pau!", entrega Hilton.

A travessura passou incólume. Ninguém da gravadora se opôs à sugestiva antena ereta da capa do single. Já o projeto gráfico do LP/CD *Da lama ao caos* precisou ser negociado em alguns pontos. A primeira ideia da dupla – o caranguejo com a posição das patolas para o alto – acabou vingando. As fontes e o tamanho das letras também foram propositais, "pensadas para dar um ar futurista, assim como o & de companhia", segundo Hilton. "Ficou futurista-retrô." Mas havia divergências sobre as cores. "Inicialmente, seria monocromático, preto com um tom amarelado, porque os meninos estavam ouvindo aqueles discos, tipo Cypress Hill, tudo sombrio, metal com hip hop", justifica DJ Dolores. A gravadora exigiu cor. Colorizaram o caranguejo. A banda odiou. A dupla Dolores & Morales ficou no meio da briga, entre a banda e a gravadora. "Pra falar a verdade, eu também não gostava", admite Dolores. "Achava que podia ter uma cor, sim, porque não considerava a banda sombria, pelo contrário. A Nação Zumbi ficou mais sombria depois da morte de Chico. Ele, Chico, era muito alegre, efusivo." Para Hilton, há um motivo financeiro para a monocromia: "Não se usava muita cor para economizar, porque o preço dobrava com policromia. Mas a gente viu ali a chance de realizar um trabalho muito rico, de forma intuitiva, o que só colaborou com a nossa ideia." DJ Dolores acrescenta que todas as fotos originais foram feitas em preto e branco, inclusive as do encarte. Enquanto a capa prima pelo minimalismo, é no encarte que as ideias transbordam. Espremidas no formato CD, elas ganham um pouco mais de clareza no encarte do LP. Em folha dupla, um lado contém a HQ feita exclusivamente para o disco, com texto de Hilton Lacerda e ilustrações de Helder Aragão. Ao lado da HQ, o texto do release que virou manifesto, "Caranguejos com cérebro", seguindo o original quase na íntegra. Tudo em preto e branco, com parte do texto em cor. O diálogo entre manifesto e HQ é pertinente. "A expectativa do movimento, desde o início, era que saísse um disco coletivo. Como Chico saiu primeiro...", justifica DJ Dolores, sem ter um motivo para o autor do texto, Fred Zero Quatro, não ser creditado.

Do outro lado do encarte, sobre fundo azul-claro, todas as letras das músicas, fotos individuais de cada integrante, dividindo espaço com o nome da banda, em letras garrafais, alternando rosa, roxo, amarelo e vermelho. "Havia a exigência, por parte da gravadora, dos meninos aparecerem, com a cara de todos. Daí decidimos botar as fotos distorcidas", conta Dolores. "E era importante mostrar que se usava computador numa época em que isso não era comum."

A diferença entre o tamanho do CD e do LP acabou afetando o encarte. É importante ressaltar que, quando a dupla iniciou o projeto gráfico, o disco só sairia em vinil. "Como era muito grande, fizemos como se fosse um cartaz. Era uma época em que as capas eram feitas para disco de vinil e só um ano depois saía o CD. E no CD saiu tudo reduzido. Não dá nem para ler as histórias", lamenta Hilton. "O encarte é consequência do tanto de informação que podia ter dentro do disco, quanto que te liberavam. E a Sony tinha departamento de produção de arte e, de certa forma, queria levar pra lá, pra não ter que gastar dinheiro. Fizemos um acordo, ganhamos quase nada."

Quando viram a prova, tiveram uma decepção ainda maior. "No encarte, a gente mandou a arte em alta resolução e um layout em baixa. Eles usaram o layout! Fuderam a arte do encarte!", diz DJ Dolores, indignado. "Um arquivo era para ser visualizado e o outro para impressão. Foi um erro absurdo deles."

A ideia de desenvolver uma história para o encarte veio do grande interesse por quadrinhos, tanto da dupla quanto da própria banda. A inspiração, mais uma vez, veio do mangue. O enredo da HQ gira em torno de um estranho fenômeno: a mutação de seres humanos, adquirindo pelos, olhos e patas de caranguejo após beberem cerveja. A fábrica da bebida foi instalada sobre um manguezal e a água usada no fabrico estava contaminada com a baba tóxica dos caranguejos. O trecho destacado exemplifica a visão apocalíptica da situação e serve como metáfora para tempos ditatoriais.

> Os *Chamagnathus granulatus sapiens* tomaram a cidade. Andando sobre pontudas unhas, esse misto de crustáceo decá-

pode e *Homo sapiens* avança em legiões, apavorando criaturas, marchando desconcertantes para a unificação simbólica. Sintonizados nas *frequências moduladas, colocam em risco as superestruturas da ordem estabelecida*. Grupos religiosos e políticos apoiam uma ação armada dos militares. Ainda não se sabe o que tudo isso vai acarretar. É o triste fim da raça humana? Ou só a aurora de uma nova era? Isso só o futuro poderá responder...

O texto embaralha *A metamorfose*, de Franz Kafka, com *Homens e caranguejos*, de Josué de Castro. A dupla aponta outra influência fundamental na hora de criar a história. "Tem o dedo muito grande de Boris Vian, somos muito fãs", revela DJ Dolores. "A gente trabalhava com associação livre de ideias. Hilton escreveu o texto e eu fiz desenhos, mas sem intenção de ilustrá-lo, nada muito objetivo, a não ser a transformação do homem em caranguejo." Hilton aponta que "ao criar uma moral para a história, ela termina ganhando sentido". "Senti um carinho enorme por essa história. A cidade tomada por homens-caranguejos. E tem uma dose de ironia, de sarcasmo, não sei se as pessoas perceberam. Imagina se esse negócio de Manguebeat desse certo e as pessoas começassem a se vestir e sair na rua com roupa de maracatu?", divaga Dolores. Hilton esclarece: "Nós éramos extremamente críticos em relação à cultura oficial, ao Armorial. Estávamos tirando onda com a mutação, com o jeito diferente de se comportar."

O Movimento Armorial, de Ariano Suassuna, defendia uma arte erudita a partir de raízes populares. A desaprovação das alquimias de Chico com os ritmos nordestinos se tornou pública. Ariano, que abominava a cultura norte-americana, sugeriu até que Chico trocasse o apelido para Ciência, no lugar de Science. "O Armorial trabalhava com esse conceito, de pegar a baixa cultura e transformar em alta, seguindo o modelo da música clássica europeia. Eu achava ridículo, um troço meio nazista", contesta DJ Dolores.

No encarte, a cutucada no Armorial pode ter sido subliminar, mas algumas referências surgem bem explícitas. Na HQ, o nome do cirurgião é Godofredo Salustiano, homenagem a Mestre Salustiano, profundo conhecedor da cultura popular pernambucana. Na lista de agradecimentos, encontram-se vários músicos, entre eles alguns cariocas com quem logo travaram amizade. E lá vem fumaça...

29. De andada pelo Rio de Janeiro

De outubro a dezembro de 1993. Foi esse, aproximadamente, o período de gravação do disco *Da lama ao caos*, no Rio de Janeiro, segundo Lúcio Maia. Durante essa temporada, a agenda de shows que não foi interrompida. Nem mesmo por motivo de saúde.

Logo em novembro, surgiu a chance de tocar na 2ª Bienal Internacional de Quadrinhos. Chico Science & Nação Zumbi fizeram a apresentação sem Lúcio Maia, na quarentena por conta da caxumba. No lugar dele, entrou Fred Zero Quatro, que precisou se virar com o pouco tempo para ensaiar o repertório. "Foi invenção de Chico, que queria porque queria tocar na Bienal de Quadrinhos. Eu fui contra. Soube que foi uma droga. E o único que não admitiu foi Chico. Fred não conseguiu pegar as músicas", desabafa Lúcio.

A insistência de Chico, apesar do show desfalcado, serviu para aproximá-los de um grande ídolo da turma de Recife presente no evento: Jacques de Loustal. Havia sido em homenagem ao quadrinista francês que Chico batizara a banda Loustal. A surpresa é que alguém já havia soprado no ouvido do francês sobre a tal banda brasileira. Foi o que o próprio Loustal contou a DJ Dolores, outro fã de quadrinhos.

O primeiro show no Rio, com formação completa, se deu bem no início da temporada carioca. No lendário Circo Voador, no dia 8 de outubro de 1993, Chico Science & Nação Zumbi participaram do Festival Super Demo 4, organizado por Elza Cohen, com a proposta de reunir novas bandas do cenário nacional. Tocaram na mesma noite que o DeFalla.

Um dos programadores do Circo, Alexandre Rossi, o Rolinha, lembra do contato inicial com a banda: "A imprensa era a nossa internet. Já tinha lido muito sobre eles. O fato de que Chico curtia Fellini me chamou mais atenção até do que a mistura de maracatu com hip hop, já que todo mundo nessa época tentava uma fórmula pra inovar o rock brazuca. Imaginava como poderia ser aquele som, mas não estava preparado para o que viria ao vivo. Aquele chapéu-coco destituía a seriedade de qualquer cidadão; outros vinham com um cordão de plug banana como pingente. E aquele paredão de alfaias! Não era uma banda, era uma brigada! Era muito roots e muito sofisticado ao mesmo tempo."

Para Rolinha, o impacto causado pela banda ao vivo vai muito além da performance de Chico: "A música era meio mântrica, aquele vocal sincopado, o gravão animal e a guitarra do Lúcio. Mas lembro muito da intervenção 'rapeada' do Jorge du Peixe. Apesar do Chico ser o maestro, o vocal e a presença do Jorge dava uma unidade ao conjunto. Tinha um caráter mais matuto, visceral, que contrabalançava com aquela pegada meio histriônica do Chico. Torcia pra ele aparecer mais."

O programador do Circo Voador identifica o que os diferençava dos seus pares na década de 1990: "Enquanto Planet

Hemp e Raimundos eram maconheiros descerebrados e cheios de atitude, a galera da Nação chegava com uma proposta séria, pensada, planejada. Até hoje, não tem ninguém comparável artisticamente a esses caras no Brasil."

Com o boca a boca gerado pela imprensa, o show atraiu também vários músicos. "Se caísse uma bomba lá acabava o rock carioca. E quem foi, ficou chapado. Não soava como nada que a gente já tinha ouvido antes. O pensamento dominante era tipo 'Fodeu, vão dominar o mundo com essa porra!'."

No domingo, 9 de janeiro de 1994, Chico Science & Nação Zumbi chegavam ao Rio depois de uma apresentação na noite anterior, na praia do Gonzaga, em Santos, dentro do M2000 Summer Concerts. O público estimado era de 5 mil pessoas quando entraram no palco, sob uma chuva fina, segundo matéria da *Folha de S.Paulo*. Agora fariam a etapa carioca do mesmo festival, no Quebra-mar, na Barra da Tijuca. O evento, gratuito, contava com atrações nacionais e estrangeiras, entre elas, Inner Circle, Shaba Ranks e Gabriel, o Pensador. Cidade Negra abriu a noite no lugar da banda de Chico Science. O motivo, apontado pela reportagem da *Folha de S.Paulo*, foi o atraso dos pernambucanos, retidos em um engarrafamento. Dia seguinte, mais um palco carioca. Dessa vez, palco pequeno de uma badalada casa noturna que fazia jus ao nome: Torre de Babel. Shows, performances, desfiles de moda... rolava de tudo por lá. Até um programa de rádio fora do dial – o Radiolla.

Comandado pelo fotógrafo e DJ Maurício Valladares, o Radiolla juntava discotecagem com números musicais ao vivo. Mauval vinha formando ouvintes desde os anos 1980 por meio da extinta Rádio Fluminense FM. Bernardo, futuramente conhecido como BNegão, era um deles. Sem ter ideia dos convidados daquela noite, só pensava em curtir a Festa do Mauval. Com alguns trocados no bolso, seguiu para Ipanema naquela calorenta noite de janeiro. A passagem para o ônibus ele resolvia na base do calote. Desceu pela porta traseira no ponto próximo ao local. Na lanchonete, em frente `a casa noturna, encontrou com seus camaradas, Marcelo Peixoto (D2), Gustavo (Black Alien) e Speed. Naquela época, Bernardo era o Bernardão Erótico, da banda Funk Fuckers, ou ainda B. Black. Gustavo era Bulletproof e integrava o grupo do Speed, o Speed Freaks. E Marcelo D2, convencido pelo amigo Skunk, havia recém-formado a Planet Hemp. Todos sem grana, "lisos" e com a mesma intenção: entrar sem pagar. Restava saber como.

Da lanchonete dava pra ver o movimento. A lotação não tardaria. Encostado no balcão, Bernardo percebeu, em meio a outras vozes, uma garota que falava com sotaque diferente. E decidiu abordá-la. "Ei, desculpe perguntar, mas você é de onde?", puxou conversa. "Eu? De Recife. Por quê?" E Bernardo continua: "É que eu vi outro dia na TV uma banda de lá, Chico..." "Chico Science & Nação Zumbi? Pronto, eles estão ali, ó", completou a garota. E virou-se para chamar os meninos.

Foi no Programa Livre, apresentado por Serginho Groisman, no SBT, que Bernardo viu a banda pela primeira vez. Lembrava-se do chapéu de palha que usavam. Marcelo também lembra de ter passado os olhos pela TV e se impressionado com o visual incomum. Já Gustavo soube dos pernambucanos lendo o *Jornal do Brasil*, o *JB*. Chamaram sua atenção o nome, o "style" e a junção do rap com o maracatu.

Ali, na lanchonete, todos vestiam "roupa normal". Ninguém de chapéu de palha. Por isso Bernardo não os reconheceu de imediato. Mas logo repararia na imagem de Jimi Hendrix, em preto e branco, que Lúcio Maia carregava no peito. "Ah, esse colar... Foi Edu K que me deu", contou Lúcio, ganhando mais pontos com o carioca. "O cara era o Edu K, nosso ídolo... juntou o rap com hardcore... e o cara deu a parada pro maluco", pensou ele, abismado.

Não demorou nem cinco minutos e já estavam conversando como velhos amigos. Quando Chico puxou na palma da mão uma de suas composições, formou-se ali mesmo na calçada uma roda. Seguiram mostrando músicas próprias, passando a vez um ao outro. Até um samba do repertório de Bezerra da Silva entrou na dança.

Com a hora do show se aproximando, a cantoria improvisada cessou. Chico, então, fez o convite aos cariocas: "Entrem com a gente." Pronto. Não só entraram na Torre de Babel, como participaram do show dos pernambucanos. O palco ficava rente ao chão, facilitando o trânsito dos músicos. "A plateia não dava nem três fileiras", lembra Bernardo. "Virou uma jam. O Speed insistia com o Dengue pra pegar o baixo. Mais tarde, soube que o instrumento era emprestado do Dé (Palmeira), ex-baixista do Barão Vermelho. Talvez por isso o Dengue tenha ficado receoso."

Aquela edição do Radiolla de 10 de janeiro de 1994 também contou com Marina Lima e Alvin L, e mais Celso Fonseca, Marcos Suzano, Artur Maia e Daúde, segundo os registros de Maurício Valladares. De tão comentado, o show de Chico Science & Nação Zumbi na Torre de Babel acabou virando lenda. "Se todo mundo que disse que foi nesse show realmente tivesse ido, não caberia", concluiu Mauval. Ele compara a outra noite emblemática, a de estreia dos Sex Pistols, em Manchester, em 1975. "Onde cabiam sessenta, parecia ter 6 mil, pelo tanto de gente que afirma ter visto aquele show."

A partir dessa noite em Ipanema viraram "irmãos", segundo BNegão. Festas, shows, bares, viviam colados. "A gente caía na balada direto. Lembro de ver o Planet ainda com o Skunk no Garage. A gente ia muito aos shows um do outro. Foi ótimo participar desse início da cena musical dos 90, no Rio de Janeiro", diz Lúcio Maia. Marcelo D2 se recorda de um show do Planet Hemp na mesma Torre de Babel: "Os caras da Nação foram ver a gente e rolou uma jam com Du peixe cantando 'Sophisticated Bitch', do Public Enemy."

Em meados da década de 1990, músicos que partilhavam a ideia de legalização da maconha ganharam de Skunk, o fundador do Planet Hemp, a chancela de Hemp Family. Bandas como Squaws e O Rappa também assumiam posição favorável à descriminalização. Mas nenhuma era tão explícita quanto o Planet Hemp.

O estúdio Groove tornou-se um ponto de encontro. "Era natural que essas bandas se juntassem. Tava todo mundo começando na mesma época", lembra Ronaldo Groove, o Ronaldo Pereira, baterista do Finis Africae. Ele era o dono do estúdio e chegou a empresariar o Planet Hemp. Foi lá, no Groove, que Marcelo D2 viu uns caras chegando para ensaiar com alfaias, sem saber que era a Nação Zumbi. Quem estagiava no Groove era Alexandre Kassin – hoje estabelecido como produtor musical. Na época, começou a tocar com o Planet, mas algo o fez desistir rapidamente. "Eu não fumava maconha. E os caras eram monotemáticos. Não me encaixava naquilo", revela Kassin, que seguiu com sua própria banda, Acabou La Tequila. E foi nesse período que Kassin conheceu Chico e a Nação, ficando mais próximo de Dengue, baixista como Kassin.

"Todo mundo era muito camarada nesse início. Alguns integrantes foram trocando de banda, ou tocavam em duas.

O Groove foi uma espécie de QG do under carioca", sintetiza BNegão. Tanto ele como Gustavo Black Alien ingressariam, em épocas diferentes, no Planet Hemp. Black Alien lembra de Chico como um cara gentil e generoso: "Pagava uísque e dizia pra todo mundo 'tem que ouvir o rap desse cara'. Também não sonegava informação. Gostava de dividir tudo. Quando o *Da lama ao caos* saiu, eu não parava de ouvir a fita cassete. Aquela levada, aquele flow dele, foi muito marcante."

Chico & Nação não só frequentaram o underground carioca, como selaram essa amizade no encarte do *Da lama ao caos*. Nos agradecimentos estão Planet Hemp, Funky Fuckers e Speed Freaks. "Foi a primeira vez que a gente viu nossos nomes impressos em algum lugar que não fosse uma xerox de cartaz de show", conta BNegão. "O disco acabou expandindo o universo musical de todos nós. De Jackson do Pandeiro a Jimi Hendrix, mas com assinatura própria."

Para Marcelo D2, a convivência com os pernambucanos foi um aprendizado. "Eu nunca fui músico, não tinha feito banda nem estudado nada. Essa galera do Recife gostava de rap, rock, funk, e ainda com o som local, usando a música regional. 'Pô', pensei, 'tenho que usar a coisa do Rio de Janeiro, da minha área.'" O estalo veio depois de encontrar Chico numa esquina do Jardim Botânico, bairro carioca. "Eu tava no orelhão e ele passou a mão na minha bunda. Fiquei puto, até que vi que era ele. Aí paramos no bar Joia pra conversar. E Chico falou: 'A gente tem que usar o regional, mas tem que ser universal.' Tomei isso pra minha vida", confessa.

Encontrar alguém com afinidades musicais não era tarefa fácil nos anos 1990. "Aqui no Rio, se eu visse um cara na rua com a camiseta do Dead Kennedys, eu parava para falar com ele. Era o jeito de conhecer quem curtia o mesmo som", contextualiza Marcelo D2. Também por uma camiseta, Chico Science descobriu que ele e Marcelo eram fãs da mesma banda. "Quando ele me viu usando uma camiseta com a capa do disco azul do Fellini, aquela com o desenho do gato, ele passou mal. Queria pra ele." Chico Science acabou pegando emprestado e Marcelo nunca mais viu sua camiseta do Fellini.

30. Mudar de lugar ou mudar o lugar?

Os caranguejos se amontoavam pelas paredes internas da panela. Apoiavam-se uns nos outros, embaralhando patas e antenas. Uma pirâmide de caranguejos equilibristas. Tão logo a água ferveu, sucumbiram entre as borbulhas. Os que estavam no alto foram os primeiros a tombar. Não iam sozinhos. Outros caranguejos, enganchados, despencavam junto. Depois de imergir, voltavam à superfície, inertes. Ou quase. Às vezes uma patola se contraía lentamente, como um último adeus. Nenhum escaparia vivo. Chico se divertia em ver a cara de Stela Campos. Diante da agonia dos crustáceos, ela não disfarçava o horror.

Um pouco mais cedo, ao abrir a porta, ela até achara graça quando o amigo pernambucano entrou pela casa com uma corda de caranguejos vivos. "Paulistana do Brooklyn, nunca tinha visto aquilo." Stela e Chico haviam se conhecido meses antes em São Paulo, quando a banda foi tocar no Aeroanta, em 1993. Um amigo em comum os levou para comer lámen na Liberdade. Ela perdera o show dos rapazes. Ficou só a lembrança de uma tarde animada no bairro japonês.

Agora, Chico não só tinha vindo visitá-la, como trouxera o almoço. Stela só observava; nem saberia por onde começar o preparo. Desconfiou estar em mãos hábeis quando Chico levou os caranguejos para o tanque. "Ele pegou uma escova de dentes e saiu lavando os bichos." Fazia pouco tempo que Stela morava em Recife. Em novembro, havia participado do Recife Summer Fest, festival organizado por Paulo André, mesmo produtor do Abril Pro Rock. Ela estava sem a Lara Hanouska, sua banda. O jeito foi descolar uma banda local, no caso, a Eddie. Ao ver pela primeira vez Chico Science & Nação Zumbi, Mundo Livre S/A e toda a movimentação da cena Mangue, Stela ficou tão empolgada que não resistiu ao convite do amigo Antonio Gutierrez, o Gutie. Em 31 de dezembro de 1993, voltou à cidade para passar férias. Acabou ficando seis anos.

"Levei o teclado no porta-malas do carro pensando em uma incursão bucólica para compor na praia, olhando o mar... mas não foi nada disso. A cidade estava em um período de ebulição musical. Toda semana tinha algo para ver nos puteiros do Recife Antigo, no Franci's Drinks, bar do Grego, Soparia no Pina..." Foi Stela Campos quem apresentou a escritora Ana Cristina Cesar a Chico Science. "Ele gostou tanto do livro que ficou lendo na hora. Chico era um cara sensível, realmente interessado em conhecer um pouco de tudo."

Uma outra descoberta iria deixar seu amigo salivando. Stela contou, bem displicente, que trazia na bagagem algumas músicas inéditas de Cadão Volpato! Por suas letras um tanto surrealistas, o vocalista do Fellini era incensado pela turma do Mangue. Quando um disco da banda paulista aportava em Recife, chegava a merecer audição coletiva. Na posse de Stela, uma fita guardava o repertório do Funziona Senza Vapore, que Cadão criou após o Fellini dar uma pausa, em 1991. O novo projeto contava com dois membros da antiga banda – Jair Marcos (guitarra) e Ricardo Salvagni (baixo) – mais Stela Campos (voz e teclados).

Chico Science e Stela Campos ensaiando para o show em homenagem à banda paulista Fellini.

Logo veio a ideia de montar um show com canções do Funziona e outras do Fellini. Era início de 1994 e o *Da lama ao caos* já estava todo gravado. Enquanto aguardavam o lançamento, por que não se divertir? Levando a sério, como pregava Chico. Começaram a ensaiar na casa de Stela. Na banda, ela ficou nos teclados e em alguns vocais; Jorge du Peixe, nas programações; Lúcio Maia, na guitarra; e Dengue, no baixo. E Chico, na voz principal, assumiu uma atitude oposta à do arrebatamento que marcava suas apresentações. "Comportadíssimo, tipo sentado no banquinho", frisa a tecladista.

Numa foto de divulgação, aparecem Jorge, Chico, Stela e Dengue conversando, enquanto caminham pela orla da praia de Boa Viagem, em Recife. Na mão de Stela, o vinil de *3 lugares diferentes*, o terceiro álbum do Fellini. O show foi marcado no Panqueca's, local frequentado por músicos e cineastas. "Chico Science & Nação Zumbi + Lara Hanouska cantam Fellini. Terça-feira, 22 de fevereiro, às 21 horas", anunciava o cartaz ilustrado por um gato. O mesmo gato da capa do disco *Fellini só vive 2 vezes*, desenhado por Cadão Volpato. A noite fazia parte do Rec-Beat Unplugged, onde bandas eram convidadas a cantar seus ídolos, e integrava o Projeto Rec-Beat, que promovia festas pela cidade. No ano seguinte, o projeto se transformaria no festival Rec-Beat, até hoje comandado por Gutie.

Juntou mais gente do que cabia no pequeno bar. Quem não entrou se esgueirou pela janela, do lado de fora, na calçada. Quem perdeu a janela se espalhou pela rua, lotada para ver Chico cantando Fellini. "Chico já tava ficando famoso", lembra Stela. "Mas, na verdade, as pessoas não sabiam o que seria. O show surpreendeu todo mundo. Chico concentrado, emocionado. Foi lindo."

Stela Campos participou ativamente do Manguebeat. Além de shows, gravou trilhas sonoras e programas de rádio. Lúcio Maia produziu a primeira fita demo da Lara Hanouska. De Chico, ganhou a alcunha de "Billie Holiday de Garagem", por sua formação ir do jazz ao punk. Muito semelhante à formação musical dos "meninos do Mangue".

"Uma rede de amigos mandava fitas cassete do mundo todo. Era difícil conseguir discos na época, alguns só importados. Em São Paulo era mais fácil", analisa Stela. "Essa dificuldade de acesso à informação na era pré-internet fez com que todos os sons fossem bastante valorizados e degustados por eles."

Era junho de 1993. Cadão Volpato deixou a cabine de locução e se dirigiu à lanchonete da Fundação Padre Anchieta, sede da TV Cultura. Na rotina do apresentador do programa Metrópolis, o caminho mais curto para matar a fome atravessava dois estúdios. Naquela tarde, porém, sua rota foi interrompida. Tambores anunciavam a presença dos homens-caranguejos. Eles, sim, sabiam o que era fome. Ao chegar mais perto, arriscou um palpite. "Achei que podia ser o Olodum." O som vinha do estúdio onde seria transmitido o programa Fanzine, apresentado pelo escritor Marcelo Rubens Paiva, com as bandas Chico Science & Nação Zumbi e Mundo Livre S/A. Curioso, Cadão foi dar uma espiada na passagem de som. "Acabei assistindo um pouco. Depois, fui saindo pra lanchonete. De repente, havia uma procissão deles me seguindo, todo o núcleo duro do Manguebeat: Chico, Fred, Otto etc." De quem se tratava, ele só foi descobrir depois. Na hora, não tinha a menor noção. E jamais imaginou que seria alvo de admiração. "Como pode alguém gostar do Fellini numa terra tão distante?", pensou.

A banda Fellini surgiu em 1984 como uma herdeira direta do pós-punk. O que a tornava peculiar era o uso embrionário da eletrônica e de ritmos brasileiros. Na época, rock e samba não se bicavam. Quem fazia um, não bolia com o outro. "Eles curtiam a forma como a gente usava a independência e a liberdade criativa", sentencia o letrista e vocalista da banda, Cadão Volpato. O Fellini gravava com baixa tecnologia, e tirava tudo o que podia de um porta-estúdio de quatro canais, por exemplo.

Se tem uma música do Fellini que se conecta diretamente com o Nordeste é "Zum zum zum zazoeira", registrada no disco *3 lugares diferentes*. "Era uma base de baião criada na Drumatix do Thomas Pappon, bem vagabunda. Era a nossa viagem naquela época", lembra Cadão. "Não sei por quê, mas a letra nasceu como uma elegia meio marota. Remetia a fábulas e forças primitivas do Brasil."

Depois do encontro na TV Cultura, Cadão Volpato ainda esbarrou com Chico em outras ocasiões em São Paulo. "Às vezes ele aparecia com aqueles óculos de inseto. Dizia que gostava das minhas letras. Sabia de cor os versos de 'Zero de comportamento', do *Funziona Senza Vapore*. Em 1996, fizemos uma entrevista de mão dupla para a revista *Showbizz*, no hotel Jaraguá, ali no centro. Era um cara legal."

Foi Stela Campos quem contou a Cadão sobre o show Chico Science & Nação Zumbi canta Fellini. "Mas só tive certeza do acontecido quando ela me mostrou o cartaz do show. Então era verdade." Em entrevista ao programa Toda Música, da rádio Cultura Brasil, em 1996, Chico Science comenta: "As músicas traziam muito do cotidiano, de exaltar o samba, fazendo diferente, com bateria eletrônica", e emenda cantando um trecho de "Rio-Bahia". "Admiro muito as letras do Cadão Volpato." Chico contou ainda que escutava Fellini em casa, e até na praia, tomando cerveja. Os discos da banda, ele pedia por reembolso postal, à loja/selo Baratos Afins, de São Paulo.

Quando Thomas Pappon se mudou para a Europa, em 1991, a banda Fellini entrou em hibernação. Longe do Brasil quando o Manguebeat aconteceu, Thomas ficava sabendo das novidades musicais por cartas de amigos e revistas. "Eu perdi o impacto da chegada deles. Mas ouvi falar de Chico Science através da revista *General*, no início de 1994. A capa tem o Chico com duas meninas beijando seu rosto. Por acaso, uma delas é minha irmã, que me mandou a revista."

"Ouvi o *Da lama ao caos* pela primeira vez na Europa", lembra Thomas Pappon. "Me incomodou muito a produção, típica de disco de rock gravado no Nas Nuvens nos anos 90. Acho que se soasse como o disco ao vivo do Alceu Valença de 1976, o *Vivo!*, poderia ter sido outra coisa."

Foi o parceiro Cadão Volpato quem contou a Thomas Pappon sobre a admiração de Chico e a turma do Mangue pelo Fellini. "Acho que ficaram encantados pelo jeito 'diferente' com que lidamos com MPB. Era muito mais resultado da estética do 'faça você mesmo' do que com qualquer intenção de misturar MPB com rock ou de dar uma roupagem roqueira a samba e baião", avalia o guitarrista.

Um belo dia, em meados de 1996, Thomas já morando em Londres e trabalhando como jornalista na BBC, recebeu uma ligação de Chico Science. Marcaram de tomar uma cerveja num pub. "Lembro-me de perguntar a Chico se tinha algum cara na banda que fazia uma espécie de 'polo oposto', que contestava as ideias dele, querendo levar o som para outros caminhos etc. E ele me disse que sim, Lúcio Maia era esse cara."

Ainda em 1996, Chico encontraria outro integrante do Fellini, sem saber previamente. Ricardo Salvagni tocava teclado no Fellini, antes de assumir o baixo. Com o jornalista Walter Silva, Ricardo lançou, em 1995, a *Up to Date* – primeira revista de música brasileira na internet. No dia da entrevista com Chico Science, o fotógrafo não pôde ir e Ricardo o substituiu. "O papo começou bem frio. Chico já tava meio cansado de entrevistas", lembra. "Depois de uns dez minutos, o Walter apontou para mim e falou: 'Ele é o Ricardo do Fellini.' Aí simplesmente o Chico parou tudo e começou a fazer reverências para mim. Rimos bastante e a entrevista mudou de rumo. Ele tinha uma personalidade magnética mesmo." A longa entrevista para a *Up to Date* está disponível no UOL.

De todos os motivos que levaram não apenas Chico, mas a turma do Manguebeat a incensar o Fellini, talvez o mais importante seja um verso de Cadão Volpato: "Mudar de lugar ou mudar o lugar". Como atestam vários envolvidos nos primórdios da cena, foi esse o mote da revolução que viria com o Mangue. Não por acaso, ele está na música "Valsa de la Revolución", lançada pelo Fellini em 1987, em *3 lugares diferentes*.

PARTE 2

"Nós não podemos controlar o caos,
mas podemos surfar as ondas do caos"
— Timothy Leary

31. *Da lama ao caos* – faixa a faixa

Considere aqui a ordem das músicas lançadas em CD, assim como as letras e os créditos do encarte. As duas últimas faixas não constam na edição em vinil.

Faixa um: Monólogo ao pé do ouvido

Modernizar o passado
É uma evolução musical
Cadê as notas que estavam aqui
Não preciso delas!
Basta deixar tudo soando bem aos ouvidos
O medo dá origem ao mal
O homem coletivo sente a necessidade de lutar
O orgulho, a arrogância, a glória
Enche a imaginação de domínio
São demônios os que destroem o poder
Bravio da humanidade
Viva Zapata!
Viva Sandino!
Viva Zumbi!
Antônio Conselheiro!
Todos os Panteras Negras!
Lampião, sua imagem e semelhança
Eu tenho certeza, eles também cantaram um dia.

Da lama ao caos abre do mesmo jeito que Chico Science & Nação Zumbi começavam seus shows, com "Monólogo ao pé do ouvido". "Sempre tivemos essa certeza. Funcionava muito bem ao vivo. Não tinha como ser diferente", afirma Lúcio Maia. A faixa é, na verdade, uma vinheta de introdução a "Banditismo por uma questão de classe", guardando inclusive semelhança temática. Lúcio se recorda que Chico escreveu "Monólogo..." em cima de uma levada, e é provável que tenha sido composta depois de "Banditismo...". Um som repetitivo dá o início – béum, béum, béum – e se estende até a faixa seguinte. O guitarrista revela que o efeito saiu da headstock da sua guitarra, região na ponta do instrumento.

Quando soam os tambores, Chico declama uma espécie de carta de princípios. Há uma certa solenidade, como se fosse uma conclamação. "Modernizar o passado é uma evolução musical" é a síntese do próprio disco.

As palavras de ordem contidas na letra expressam a vontade de reconfigurar sons do mundo inteiro, sem excluir nacionalidades, para dar origem a algo novo, universal. Além de se apropriar do passado, ele abre mão da formação ortodoxa e da erudição, associadas ao conhecimento das notas musicais. "Cadê as notas que estavam aqui/ Não preciso delas!/ Basta deixar tudo soando bem aos ouvidos" são versos que dizem respeito ao *modus operandi* da banda. "Essa história de 'basta soar bem aos ouvidos' não era mentira, não", reforça Jorge du Peixe. "Usávamos tudo que estava ao nosso alcance, vinil, cassete, o que tivesse. Na época era assim. As condições não eram as melhores. Mas tudo que era assimilado, ouvido, e fazia a cabeça, virava forma de compor, batidas, samples."

Nesse lampejo autobiográfico, Chico expõe sua forma intuitiva de compor ao decretar que prescinde de notas. É fato que não dominava nenhum instrumento, o que nunca o impediu de apontar as direções. "Ele só arranhava o violão. Mas era impressionante como sabia bem o que queria", atesta Dengue. "Chegava pra mim e fazia munganga." Do mesmo modo que imitava o som do baixo, da boca de Chico também saíam guitarras, sopros, cordas, tambores...

O verso seguinte, "O medo dá origem ao mal", faz supor que se acovardar enfraquece o homem. O mal, no caso, poderia ser a estagnação de que sofria a cidade do Recife. "O homem coletivo sente a necessidade de lutar" também pode ser ligado aos primórdios do Manguebeat. Vale lembrar que, antes de se estabelecer como movimento, o grupo de amigos se organizava como uma Cooperativa Cultural para promover shows e festas na cidade. Operando, portanto, de modo coletivo.

O mal aparece de novo, agora na figura de "demônios que destroem o poder bravio da humanidade". O discurso vai assumindo ares épicos, despertando a natureza indômita de cada indivíduo. Invoca o espírito combativo – uma ode ao guerreiro de todas as frentes de batalha. Por isso soa tão apropriada a saudação a líderes do passado, como Zapata, Sandino, Zumbi, Antônio Conselheiro, Lampião, Panteras Negras. Uma seleção de anti-heróis que personificam a luta contra opressores de diversas origens.

O verso final permite algumas interpretações. "Cantaram um dia" pode significar que até mesmo esses líderes, em algum momento de trégua, se entregaram à música por prazer ou como forma de celebração de uma vitória. Mas pode ser o cantar como tomar a frente, ditar regras, liderar. A letra sugere também que, tanto na música quanto no combate ao mal, é buscando armas do passado que se muda o presente.

Quanto ao título, "Monólogo ao pé do ouvido" traz uma dissonância interessante. O monólogo é uma peça teatral escrita para um só personagem, ou trecho de uma peça encenado por um único ator. De qualquer modo, ele deve atingir uma plateia. Já ao pé do ouvido é algo íntimo, até sussurrado, como uma confidência. Ou seja, o chamamento à luta não é direcionado para o público em geral; ele é baixinho, dito ao ouvido de cada um – o que só aumenta sua força.

Faixa dois: Banditismo por uma questão de classe
(Chico Science)

Há um tempo atrás se falava em bandidos
Há um tempo atrás se falava em solução
Há um tempo atrás se falava em progresso
Há um tempo atrás que eu via televisão

Galeguinho do Coque não tinha medo, não tinha
Não tinha medo da perna cabeluda
Biu do Olho Verde fazia sexo, fazia
Fazia sexo com seu alicate

Oi sobe morro, ladeira, córrego, beco, favela
A polícia atrás deles e eles no rabo dela
Acontece hoje e acontecia no sertão
Quando um bando de macaco perseguia Lampião
E o que ele falava outros hoje ainda falam
"Eu carrego comigo: coragem, dinheiro e bala"
Em cada morro uma história diferente
Que a polícia mata gente inocente
E quem era inocente hoje já virou bandido
Pra poder comer um pedaço de pão todo fodido

Banditismo por pura maldade
Banditismo por necessidade
Banditismo por uma questão de classe!

"Banditismo por uma questão de classe" vem do tempo em que a Nação Zumbi não existia formalmente, mas Chico Science já ensaiava com o Lamento Negro uma mistura de ritmos ainda sem nome. Na memória de Lúcio Maia, quando a música começou a tomar forma, quem tocava baixo era Gabriel, antes de Dengue, que havia rejeitado a suposta banda de samba-reggae. "Aquele riff no começo já veio no dia em que a gente fez a música com Chico cantando 'Galeguinho do Coque não tinha medo'", diz o guitarrista.

Os bandidos Galeguinho do Coque e Biu do Olho Verde existiram de verdade e apavoraram Recife nas décadas de 1970 e 80. O noticiário policial ajudou a popularizar os dois personagens, mas alguns detalhes podem não passar de folclore. Sabe-se que Galeguinho do Coque ganhou a alcunha por se esconder da polícia na comunidade do Coque, depois de fugas mirabolantes. Cometia assaltos à mão armada e distribuía as mercadorias entre moradores do Coque. Na cadeia, teria se convertido e saiu como pastor evangélico, mas desconfia-se que a religião era um disfarce. Biu do Olho Verde, como o apelido já diz, era reconhecido pela cor dos olhos e tinha fama de sedutor. Praticava crimes em Olinda e Recife quando era ainda adolescente. Além de assaltante, foi acusado de cometer estupros e de ameaçar suas vítimas com um alicate, o que não chegou a ser provado.

O guitarrista Lúcio Maia conta que os dois bandidos faziam parte do imaginário popular. "A gente ouvia as histórias, quando era criança ainda, e dava medo de sair nas ruas. Com o tempo, Galeguinho e Biu foram virando lendas."

Já a Perna Cabeluda é uma lenda urbana muito popular que se espalhou pela cidade durante a década de 1970. Dizia-se que a perna atacava com chutes violentos e fugia aos saltos. Sua história é tema do documentário *A perna cabiluda* (1997), de Marcelo Gomes, Beto Normal, Gil Vicente, João Veira Jr. A lenda teria surgido num programa de rádio por conta de uma brincadeira de Jota Ferreira e Raimundo Carrero. Chico Science está no elenco do filme. A lenda marcou presença até nos shows de Chico Science & Nação Zumbi. Durante a execução de "Banditismo por uma questão de classe", Chico segurava uma grande perna cabeluda e usava um alicate como adereço.

A letra propõe uma discussão sobre o banditismo e suas possíveis causas: a maldade, o instinto de sobrevivência e a injustiça social. O banditismo a que Chico se refere no título é o banditismo social, visto em movimentos como o cangaço, que atuou no Nordeste brasileiro. O banditismo social, porém, não é exclusivo daquela região. Em outras partes do mundo existia essa "forma bastante primitiva de protesto social organizado", nas palavras de Eric Hobsbawm. O historiador, que publicou dois livros sobre o assunto, estudou inclusive os cangaceiros. É mais provável que Chico tenha chegado ao conceito de banditismo social ouvindo histórias sobre Lampião do que lendo Hobsbawm. A letra é mais um exemplo de sua habilidade em manipular ideias tanto da esfera intelectual como do cotidiano.

Na canção, até a própria classificação de bandido é colocada em xeque. Bandido é quem rouba? E a polícia que mata inocente? Interessante como a letra, escrita no início da década de 1990, retrata a situação vigente na maioria das comunidades do país: a truculenta ação da polícia nas favelas tirando a vida de inocentes. Quando a perseguição dos bandidos no morro se funde com a de Lampião no sertão, cria-se um espelho de épocas e espaços geográficos, ligados pelo mesmo antagonista – o "bando de macaco". Macaco como gíria para policial.

Assim como Galeguinho e Biu, Lampião é também uma figura controversa. Símbolo de altruísmo, roubando dos ricos para dar aos pobres, como um Robin Hood do sertão. Por outro lado, o mais famoso líder dos cangaceiros cometeu crimes nada perdoáveis, como estupros e assassinatos violentos. Ou seja, seu papel na história pode ser tanto o do herói como o do bandido. Um dos grandes méritos de Chico foi conseguir, numa só tacada, embaralhar passado e presente, criar analogias entre fatos históricos, lendas e noticiário, e ainda acenar com uma abordagem sociológica – a da questão de classes. Tudo isso em plano-sequência de tirar o fôlego. "Banditismo por uma questão de classe" é um filme de ação que faz refletir.

Faixa três: Rios, pontes & overdrives
(Chico Science e Zero Quatro)

Porque no rio tem pato comendo lama

Rios, pontes e overdrives – impressionantes esculturas de lama
Mangue, mangue, mangue, mangue, mangue, mangue, mangue
Rios, pontes e overdrives – impressionantes esculturas de lama
Mangue, mangue, mangue, mangue, mangue, mangue, mangue

E a lama come mocambo e no mocambo tem molambo
E o molambo já voou, caiu lá no calçamento bem no sol do meio-dia
O carro passou por cima e o molambo ficou lá
Molambo eu, molambo tu, molambo eu, molambo tu

É macaxeira, Imbiribeira, Bom Pastor, é o Ibura, Ipsep, Torreão, Casa Amarela
Boa Viagem, Genipapo, Bonifácio, Santo Amaro, Madalena, Boa Vista

Dois Irmãos, é o Cais do Porto, é Caxangá, é Brasilit, Beberibe, CDU
Capibaribe e o Centrão

Rios, pontes e overdrives – impressionantes esculturas de lama
Mangue, mangue, mangue, mangue, mangue, mangue, mangue
Rios, pontes e overdrives – impressionantes esculturas de lama
Mangue, mangue, mangue, mangue, mangue, mangue, mangue

E a lama come mocambo e no mocambo tem molambo
E o molambo já voou, caiu lá no calçamento bem no sol do meio-dia
O carro passou por cima e o molambo ficou lá
Molambo eu, molambo tu, molambo eu, molambo tu

Rios, pontes e overdrives – impressionantes esculturas de lama
Mangue, mangue, mangue, mangue, mangue, mangue, mangue
Rios, pontes e overdrives – impressionantes esculturas de lama
Mangue, mangue, mangue, mangue, mangue, mangue, mangue

Molambo boa peça de pano pra se costurar mentira
Molambo boa peça de pano pra se costurar miséria

"At night, over bridges and rivers." É Mark E. Smith com sua voz anasalada quem inicia "Rios, pontes & overdrives". O vocalista da banda inglesa The Fall soa como um improvável guia anunciando o passeio por Recife. Traduzido, seria "à noite, sobre pontes e rios". Além da semelhança com o título e o refrão, ainda guarda uma aproximação fonética: *over rivers/ overdrives*. Poderia haver um sample mais adequado? O trecho pertence a "Light/Fireworks", faixa do álbum *The Infotainment Scan*, lançado pelo The Fall, em 1993. No mesmo ano, *Da lama ao caos* começa a ser gravado. O que demonstra que estavam em sintonia com a produção musical dos dias que corriam, mesmo numa época em que o acesso era difícil.

"Rios, pontes & overdrives" foi composta quando a banda estava prestes a gravar *Da lama ao caos* e estavam faltando algumas faixas para completar o repertório. Como era de costume, Chico tirava proveito das situações mais corriqueiras do cotidiano. Foi olhando à sua volta que surgiu a frase que abre a música: "porque no rio tem pato comendo lama". "Foi um dia lá no Caverna, o nosso modesto estúdio no quintal da casa dos meus pais. Chico olhou pro mangue que tinha nos fundos, achou curioso e já chegou cantando", recorda Lúcio. Jorge du Peixe confirma: "Aconteceu mesmo, ali era região de palafitas. E ele presenciou o pato comendo a lama."

Foi em contato com as ideias do amigo Fred Zero Quatro que Chico Science sacou os dois versos seguintes. "Rios, pontes e overdrives" era o título de um artigo que Fred escreveu para um jornal de música. Já as "impressionantes esculturas de lama" é o nome de uma banda inventada para um show. Depois que Chico conseguiu criar um palco alternativo dentro da boate Misty e realizou o 1º Festival de Hip Hop do Recife, Fred Zero Quatro aproveitou o espaço e criou o "Mundo Livre

Strikes Again". O show tinha um roteiro elaborado, como explica Fred: "Cada música era de uma banda diferente e Impressionantes Esculturas de Lama era o nome de uma das bandas, como se fossem várias encarnações, com nomes provocativos. Vivi boa parte da minha vida dentro de ônibus; morava longe do Centro, no bairro de Candeias. Sempre passava por áreas de manguezais e, no período mais seco, dava pra ver os caras mergulhados na lama, pegando caranguejo. Foi assim que veio essa frase."

Chico decidiu unir o título do artigo ao nome de uma das bandas fictícias. Depois, comunicou ao amigo. "'Fred, vou juntar isso aí num refrão', disse-me ele. Sabia que ele estava com certa dificuldade, sem material para fechar o disco. Tinham batidas, levadas, grooves geniais, e ele tava correndo pra fechar as letras." Acontece que Fred também estava compondo uma música intitulada "Rios, pontes & overdrives". "Avisei a Chico, e ele me disse que se fosse mesmo gravar, ia usar um título diferente. Mas, no turbilhão das coisas, acho que acabou esquecendo. Me deu parceria por conta dessas duas frases. E recebo royalties do mundo todo, até Lenine gravou." Na faixa "Pernambuco falando para o mundo", do disco *O dia em que faremos contato* (1997), Lenine inclui no *pot-pourri* um trecho de "Rio, pontes & overdrives", mas com uma alteração: ele canta "estruturas de lama" no lugar de esculturas de lama.

Para não usar o mesmo título, Fred Zero Quatro registrou sua música como "Rios (smart drugs), pontes e overdrives" no álbum de estreia da Mundo Livre S/A, *Samba esquema noise*, lançado em 1994, alguns meses depois de *Da lama ao caos*.

Outra parte de "Rios, pontes & overdrives" que Chico pegou emprestado é a da sequência dos bairros, sem dar crédito a Otto, o autor. Ninguém sabe dizer realmente o motivo da omissão. A história começa quando Otto trabalhava como assistente de Claudio Assis numa produtora de audiovisual. Com a missão de compor um jingle para a candidatura de Humberto Costa a prefeito, pelo PT, teve a ideia de falar dos bairros de Recife. De tanto andar de ônibus, saindo de CDU (Cidade Universitária, bairro em torno do campus), conhecia bem as linhas que cruzavam a cidade. Para cantar o jingle chamaram Chico Science. Otto já tinha visto um show de Chico, mas o primeiro encontro dos dois foi na produtora. "Ficamos trancados numa salinha. E Chico começou a cantar do jeito dele, Humbertô, Humbertô."

Lúcio se recorda desse dia: "Fomos convidados pelo pessoal da X Filmes, e foi quando conheci Otto. A parte dos bairros era com o violão fazendo a harmonia da música. E quando Chico cantava 'Humberto, Humberto', era um pouco a métrica de 'Banditismo...'. Quando gravamos o disco, não saiu creditado. Sei que Otto ficou muito magoado, e com razão." Depois da gravação do jingle, os dois ficaram amigos. Otto participou da Nação Zumbi tocando percussão, bem no início. Saiu antes de a banda ir para o Sudeste, para a 1ª Manguetour, em 1993. Incentivado por Chico, foi tocar com o Mundo Livre S/A.

Quando *Da lama ao caos* foi lançado, veio a surpresa. "Tava com o disco na minha mão, e meu nome não saiu." Otto foi então desabafar com o amigo Carlos Eduardo Miranda, jornalista e produtor musical. "Ele me procurou, muito sentido. Tava com essa ideia na cabeça. Queria mesmo processar. Fomos então para o escritório do Costa Netto. Pegamos um ônibus e no caminho fui falando pra ele desconsiderar", lembra Miranda. José Carlos Costa Netto, advogado e letrista, especialista em direitos autorais, deixou Otto mais atordoado. A solução apresentada pelo advogado seria acionar a Polícia Federal e mandar recolher o *Da lama ao caos*, recém-chegado às lojas. "Quando ouvi aquilo, eu chorei. Maior atitude que tive na minha vida. Por isso é que estou aqui. Foi uma cena bonita. Qualquer otário, naquela época, teria apertado um botão."

Quando gravou seu disco de estreia, *Samba pra burro* (1998), Otto não pensou duas vezes. "Fui na Sony e peguei minha parte de volta. Botei em 'Bob' e virou hit do disco." E assim os bairros ressurgem em "Bob", como citação a "Rios, pontes & overdrives", "gentilmente cedido" pela gravadora. Entrevistei Otto na época do lançamento de *Samba pra burro* e mencionei a sequência dos bairros, mas ele evitou a polêmica. Depois, com microfones desligados, ele me disse que foi mais importante preservar a amizade com Chico. Otto se manteve reservado publicamente até pouco tempo. A omissão do crédito veio à tona em entrevistas recentes. "Só falei com Chico sobre isso uma vez. Ele perguntou: 'Ficasse chateado?' E respondi: 'Só queria pegar o mesmo elevador que tu'", contou à revista *Cult*, em 2014.

"Você tem mesmo que falar sobre isso?", insistia ao ser abordado para este livro. A questão ainda é delicada para ele, sabemos. Na sua atitude de "não prejudicar o Manguebeat", ele vê um significado ainda mais pessoal. "Eu era um garoto, e pude me testar como homem, provar meu caráter", disse, emocionado. E encerrou o assunto.

Está claro que em "Rios, pontes & overdrives" Chico Science "sampleou" dois compositores e juntou com versos de sua autoria. Esse retrato de Recife começa com sua configuração geográfica, com rios e pontes ligando e atravessando bairros da cidade. Por isso, Recife é chamada de "Veneza brasileira". Já o escritor Albert Camus a comparou com outra cidade italiana, "Florença dos Trópicos", como escreveu em *Diário de viagem*, livro sobre sua visita ao Brasil no final dos anos 1940. Os rios e pontes de Recife já foram também cantados por Dorival Caymmi em "Dora", "Te conheci no Recife/ Dos rios cortados de pontes/ Dos bairros, das fontes coloniais". Dizem que os rios Beberibe e Capibaribe, os dois mais importantes do estado, se juntam para formar o oceano Atlântico. Descontada a mania de grandeza do pernambucano, de fato os dois rios vão margeando diversos bairros da cidade até desaguarem no mesmo ponto. Adicionados aos rios e pontes, os overdrives levam a cidade histórica a um contexto mais moderno, já que Overdrive é um pedal de guitarra, que simula o som saturado de um amplificador valvulado. Overdrive, em inglês, significa saturar, trabalhar demais, e também ultrapassar.

Assim, o mangue, onipresente na cidade, também volta a ser abordado em mais uma letra de Chico. O coro que completa o refrão foi criado durante as gravações no estúdio Nas Nuvens, como lembra Lúcio. "Chico teve ideia de fazer 'mangue, mangue, mangue...', mas ele cantava sozinho nos shows. Depois, no estúdio, Liminha sugeriu um coro grande, com mais vozes, e fizemos eu, Liminha, Jorge e Chico." E Chico ainda canta um "mangroove", que seria o groove do mangue. Mas a palavra também é semelhante a "mangrove", que é mangue em inglês.

Com a cadência própria da embolada, Chico dispara versos sobre o cotidiano da periferia e subsistência no mangue, entre molambos que habitam mocambos que a lama há de comer. Mocambos são moradias bem simples, improvisadas, construídas em terrenos pantanosos, onde vive grande parte da população. E molambo é um farrapo humano, um maltrapilho, e também um trapo, um pano qualquer.

A estrofe culmina com a banalização da morte em "caiu lá no calçamento bem no sol do meio-dia/ O carro passou por cima e o molambo ficou lá". Versos que lembram "De frente pro crime", de João Bosco e Aldir Blanc ("tá lá o corpo estendido no chão..."). Tratado como pária da sociedade, esse indigente pode ser qualquer um. "Molambo eu, molambo tu."

Os versos finais talvez sejam uma alusão às promessas de políticos e autoridades, que enganam os mais miseráveis e tiram proveito da sua condição. "Molambo boa peça de pano pra se costurar mentira/ Molambo boa peça de pano pra se costurar miséria." Como me disse Gilmar Bolla 8, "onde a gente não vê nada, Chico via vida e poesia".

Faixa quatro: A cidade
(Chico Science)

Boa noite do Velho Faceta (amor de criança) –
música incidental

O sol nasce e ilumina as pedras evoluídas
Que cresceram com a força de pedreiros suicidas
Cavaleiros circulam vigiando as pessoas
Não importa se são ruins, nem importa se são boas

E a cidade se apresenta centro das ambições
Para mendigos ou ricos e outras armações
Coletivos, automóveis, motos e metrôs
Trabalhadores, patrões, policiais, camelôs

A cidade não para, a cidade só cresce
O de cima sobe e o de baixo desce

A cidade se encontra prostituída
Por aqueles que a usaram em busca de uma saída
Ilusora de pessoas de outros lugares,
A cidade e sua fama vai além dos mares

No meio da esperteza internacional
A cidade até que não está tão mal
E a situação sempre mais ou menos
Sempre uns com mais e outros com menos

A cidade não para, a cidade só cresce
O de cima sobe e o de baixo desce

Eu vou fazer uma embolada, um samba, um maracatu
Tudo bem envenenado, bom pra mim e bom pra tu
Pra a gente sair da lama e enfrentar os urubu

Num dia de sol Recife acordou
Com a mesma fedentina do dia anterior

De todo o repertório do disco, "A cidade" é a faixa mais antiga, se considerarmos seu primeiro registro. O que aconteceu ainda no final da década de 1980, quando Chico se juntou aos amigos H.D. Mabuse e Jorge du Peixe e formaram o Bom Tom Rádio. Não havia, portanto, nem guitarras nem alfaias. No estúdio improvisado na casa de Mabuse, dispunham de um microsystem com karaokê e de um computador MSX usado como sequenciador. Com baixo e bateria eletrônica, "A cidade" foi ganhando forma. Scratches abriam e fechavam a música e a letra evoluía na voz de Chico, ainda com cacoetes de um MC. "Ficou meio hip hop, por conta do vocal de rap", recorda Jorge. Graças à internet, é possível ouvir essa versão e identificar quão embrionária era "A cidade" se comparada à da gravação do disco *Da lama ao caos*.

Com o tempo, "A cidade" foi se moldando às novas formações musicais de Chico. Se na fase do Bom Tom Rádio ele emulava o canto dos rappers, mais adiante o funk e o rock foram incorporados. Quando ocorre a junção da Loustal com o Lamento Negro e temos, enfim, Chico Science & Nação Zumbi, a bateria eletrônica cede lugar de vez ao baque do maracatu. Os riffs de guitarra a alimentam de mais peso. Entra a embolada, parente do rap.

Dessa forma, "A cidade" é mais uma vez registrada, agora num estúdio um pouco melhor, em Recife. Fazia parte do repertório da coletânea Caranguejos com Cérebro, aquela jamais lançada. Essa versão ganhou um videoclipe, o primeiro da banda, realizado pela produtora TV Viva, em 1993. Disponível na internet, nele vemos Chico e a Nação tocando em meio a animações e cenas cotidianas das ruas de Recife.

Em outubro do mesmo ano, quando a banda finalmente inicia a gravação do seu álbum de estreia, "A cidade" já estava bem estruturada. Foi ganhando corpo nas apresentações ao vivo e chegou praticamente pronta ao estúdio Nas Nuvens. O que alterou o resultado foi a qualidade da gravação. "A parte técnica fez a música tomar a cara que ela tem. A demo que gravamos em Recife, num estúdio 'palha', serviu como referência do que íamos fazer", recorda Lúcio.

Alguns detalhes que já existiam na versão demo foram mantidos no disco, como, por exemplo, o "Boa noite do Velho Faceta (amor de criança)", devidamente creditada como música incidental. O velho é um personagem do pastoril profano, manifestação folclórica adaptada do pastoril de caráter religioso trazido pelos europeus. No profano, não faltam galhofas, piadas e músicas aparentemente ingênuas, mas salpicadas de insinuações sexuais. Não à toa o velho assume as feições de um palhaço. Faceta, representado por Constantino Leite, foi um dos velhos mais famosos do pastoril profano, inspirando inclusive outros artistas. Ele gravou três discos que contribuíram para perpetuar sua obra.

Colocar o Velho Faceta em destaque no disco, além de ser uma homenagem à cultura popular, também mergulha na memória afetiva da própria banda e traz à tona um personagem presente desde os tempos de criança. "Toda escola em Recife encenava pastoril", lembra Lúcio. "E o disco do Velho Faceta era um que todo mundo tinha em casa, com aqueles versos cheios de duplo sentido."

Na época em que o *Da lama ao caos* saiu, eu não fazia ideia de quem era o Velho Faceta, já que na região Sudeste o pastoril não era tradição. Foi durante a pesquisa para este livro que me dei conta: eu já o conhecia, por tabela. Através da televisão, um de seus maiores sucessos extrapolou o território pernambucano. "O casamento da filha do seu Faceta" ficou famoso em todo o país pela versão dos Trapalhões, com Renato Aragão, o Didi, encarnando o velho, e Zacarias, a filha do seu Faceta.

Agora percebo quanto Chico carregava de Velho Faceta. Tanto no palco como fora dele. Desde versos sacanas como "ia passando uma véia, pegou minha cenoura" até gestos histriônicos, passos trôpegos, mugangas. E, pelo modo zombeteiro com que tratava os mais chegados, pregando peças, aprontando "brincadeiras de moleque", como diziam. Chico ainda prestaria outra homenagem no programa Ensaio, em 1996, na TV Cultura, ao cantar "Nabo seco (A mulher do cego)", antigo sucesso do Velho Faceta. Fez sua tradução pessoal do palhaço, num *crossover* do pastoril com o Manguebeat.

Quando "A cidade" começa, mixada a essa introdução, logo se dá um salto no tempo. Há um contraste entre folclórico/arcaico e contemporâneo/cosmopolita. Chico retrata o Recife sem devaneios idílicos. Sua radiografia sinaliza para problemas sociais e econômicos em versos concisos, de grande força imagética e enriquecidos por metáforas. "O sol nasce e ilumina as pedras evoluídas." É como ele enxerga o dia começando na selva de concreto, nomeando os arranha-céus como pedras evoluídas.

Uma curiosidade: na letra original, gravada com o Bom Tom Rádio, o verso seguinte era "que cresceram no lugar de plantas destruídas", substituído depois por "que cresceram com a força de pedreiros suicidas". A opção pelo tema ligado a questões trabalhistas confere, sem dúvida, um tom mais engajado à letra.

Em "cavaleiros circulam vigiando as pessoas, não importa se são ruins, nem importa se são boas", a opressão é generalizada, independe do caráter do cidadão. Não posso afirmar se a citação foi proposital, mas identifico aí a similaridade com "O Grande Irmão está de olho em você", slogan que salta das páginas de *1984*. Na obra distópica de George Orwell, a sociedade é monitorada a todo instante pelo poder totalitário.

Ao elencar todos que desejam tirar proveito da cidade, Chico não faz distinção de classe – de mendigo a rico, trabalhador ou patrão, quem anda de automóvel ou transporte coletivo. Logo em seguida, anuncia: "a cidade não para, a cidade só cresce/ o de cima sobe e o de baixo desce." O refrão expõe tanto o crescimento vertical quanto a discrepância social.

Com notável poder de síntese, os versos se tornaram paradigma da canção crítica. Tanto que o grupo baiano As Meninas acabou usando o verso "o de cima sobe e o de baixo desce" no seu maior sucesso, "Xibom bombom", que falava justamente de desigualdade social em ritmo de axé pop. Detalhe: sem crédito algum para a citação.

"A cidade" faz uso de características incomuns quando se trata de um espaço físico. Uma cidade que "se encontra prostituída", como se pagassem para usufruí-la. A cidade é vítima, mas também algoz. Como "ilusora de pessoas", enganando quem vem de longe em busca de uma vida melhor. A letra toca em outro tema inerente aos grandes centros urbanos: o êxodo rural.

O autor volta a falar do descompasso do capitalismo, da concentração de renda, com ironia até. Ele deixa explícito que "a situação sempre mais ou menos" quer dizer "sempre uns com mais e outros com menos". Ao brincar com uma expressão corriqueira, confere a ela novo significado.

"Eu vou fazer uma embolada, um samba, um maracatu/ Tudo bem envenenado, bom pra mim e bom pra tu/ Pra a gente sair da lama e enfrentar os urubu." É nesse gesto quase quixotesco que a música se transforma em arma contra os opressores, representados pelos urubus. No caso, "os urubu", sem plural, que além de rimar com tu assimila o linguajar popular. Também faz uso da gíria "envenenado", como uma injeção de energia nos citados ritmos tradicionais. Envenenar para "modernizar o passado". A lama, recorrente em boa parte das canções do disco, simboliza aqui algo negativo e não o terreno fértil da diversidade. "Sair da lama" é se livrar de uma situação desfavorável.

A lama volta nos versos finais pela lembrança do efeito do sol secando a lama dos manguezais, dos rios, o que resulta na tal "fedentina". A mesma de ontem e dos dias quentes que virão. "A fedentina tá lá até hoje", conta Lúcio. "O canal da Agamenon Magalhães é o maior esgoto a céu aberto do mundo. Quando tá calor é pior, e quase sempre faz calor. Não foi à toa que alguém pichou ReciFEDE."

Outra curiosidade em relação à letra: essas duas estrofes finais não existiam quando a música foi gravada pelo Bom Tom Rádio, tendo sido criadas posteriormente. A faixa termina com outro sample ligado ao folclore; dessa vez, um trecho de "Boa noite", do grupo Baianas de Ipioca, de Alagoas.

"A cidade" foi a escolhida, pela gravadora, como o primeiro single de *Da lama ao caos*. O videoclipe, gravado no litoral sul de Pernambuco, entre Suape e Ilha de Deus, teve o mangue como cenário, animação de homens-caranguejos, e mereceu ampla veiculação na MTV. No ano seguinte ao lançamento do disco, em 1995, "A cidade" entrou no remake da telenovela Irmãos Coragem, da Rede Globo. Mas essa não seria a primeira música do disco a emplacar numa trilha sonora. "A praieira" chegou antes em Tropicaliente, em 1994.

Vale notar que "A cidade" foi escrita no final dos anos 1980 e já mencionava problemas que perduram e se agravam. Um deles é o crescimento urbano desenfreado, que motivou o movimento #OcupeEstelita. Em 2014, uma de suas ações ganhou maior visibilidade: a manifestação contra a especulação imobiliária no Cais José Estelita, na zona central de Recife. E mais: mesmo antes do mangue existir como movimento, quando mudar o lugar era apenas uma vontade, Chico já fazia da sua cidade uma fonte de inspiração. Outras canções nasceram depois de "A cidade", sempre impulsionadas por uma visão crítica.

Recife, a musa fétida e injusta.

Faixa cinco: A praieira
(Chico Science)

No caminho é que se vê a praia melhor pra ficar
Tenho a hora certa pra beber
Uma cerveja antes do almoço é muito bom
Pra ficar pensando melhor
E eu piso onde quiser, você está girando melhor, garota!

Na areia onde o mar chegou, a ciranda acabou de começar, e ela é!
E é praieira! Segura bem forte a mão
E é praieira! Vou lembrando a revolução, vou lembrando a revolução
Mas há fronteiras nos jardins da razão

E na praia é que se vê a areia melhor pra deitar
Vou dançar uma ciranda pra beber
Uma cerveja antes do almoço é muito bom
Pra ficar pensando melhor
Você pode pisar onde quer
Que você se sente melhor

Na areia onde o mar chegou...

Embora, neste disco, existam outros versos inspirados, nenhum chegou ao grau de popularidade de "uma cerveja antes do almoço é muito bom pra ficar pensando melhor". Esse virou um bordão, uma máxima, um velho ditado. Mas se Chico Science tivesse levado a sério a opinião do amigo e parceiro H.D. Mabuse, o famoso verso teria sido destinado às moscas. Mabuse relembrou o fato em depoimento à revista *Trip*, em 2001. "Compus uma música massa", falava o velho França. "Tem um verso assim: 'uma cerveja antes do almoço é muito bom pra ficar pensando melhor'. No meio do terral, no boteco cheio de moscas, eu respondia: 'Cara, você já fez umas músicas legais, mas essa tá meio fraca!'"

A opinião de Mabuse não era sem importância para Chico. Foi Mabuse quem apresentou ao amigo o Jogo do Caos, do matemático Michael Barnsley, sem falar das dezenas de discos, filmes, livros, quadrinhos... além de terem morado juntos e formado o Bom Tom Rádio. Com toda a admiração e a intimidade, estaria Mabuse condenando a música ou apenas provocando Chico? "É verdade, não curti", garante ele. "Eu ouvi apenas a letra, sem melodia. Estava errado."

Mesmo sem a aprovação do amigo, o "velho França" seguiu em frente. Talvez por já ter modificado a letra. Na versão anterior, a substância recomendada para melhorar o pensamento antes do almoço não era cerveja. Era fumo! Segundo o guitarrista Lúcio Maia, o verso já existia na fase da banda Loustal, pré-Nação Zumbi. "Lembro da gente ter feito um ska, e Chico cantava 'uma ganjinha antes do almoço é muito bom...'." Ganjinha, diminutivo de ganja, um dos sinônimos da *Cannabis*. Ganja é o termo usado pelos seguidores do rastafári, movimento religioso e social difundido na Jamaica. Portanto, a "ganjinha" da letra combinava perfeitamente com o ritmo jamaicano trabalhado pela banda, o ska.

Desse ska do Loustal, jamais concluído, Chico guardou um fragmento. Quando "A praieira" estava sendo composta com a Nação Zumbi, ele o incorporou à letra, substituindo a ganjinha pela cerveja. "Essa parte não tem nada a ver com a música", ressalta Lúcio. "Ele encaixou e virou refrão. Nessa época, a gente tava muito maconheiro, mas não teve coragem de botar como fumo." Talvez temessem as adversidades enfrentadas pelo Planet Hemp, grupo carioca que – sem meias palavras – levantou a bandeira da legalização da maconha desde sua formação, em 1993. Contratados pela mesma gravadora dos pernambucanos, a Sony, lançaram o disco *Usuário* em 1995, um ano depois de *Da lama ao caos*. Sofreram todo tipo de represália, de shows cancelados a prisão decretada por um juiz, em 1997, sob a acusação de apologia às drogas.

Chico e Nação acabaram falando do tema no segundo disco – e, ainda assim, usando apenas as duas primeiras sílabas de maconha. Em "Macô" contaram com a participação de Gilberto Gil, artista que também havia sido preso por portar um cigarro de maconha, em 1976. "Ganjinha era coisa das internas", completa Jorge du Peixe. "Ninguém era louco. Cerveja podia falar. Não éramos o Planet Hemp, mas já conhecíamos a Jamaica", brinca. Bem, isso até dona Rita, mãe de Chico, sabia. "No primeiro show que eu fui, no Circo Maluco Beleza, tinha muita fumaça. Perguntei: 'Que fumaceira é essa?' Me disseram: 'É maconha.'"

A cerveja antes do almoço não incomodou nenhuma autoridade. E a intenção não era ficar bêbado, e sim melhorar o pensamento – o que garante um sentido mais nobre. A prática remete também aos primórdios do Manguebeat. Afinal, as acaloradas discussões que forjaram o movimento se deram entre muitos goles de cerveja pelos bares de Recife.

Um hábito familiar teria servido de mote para Chico Science escrever os versos iniciais de "A praieira". "Essa música retrata muito os domingos da gente", atesta Goretti França, irmã de Chico. "No caminho é que vê... Era isso mesmo. Ia todo mundo, adolescente e depois mais velhos também, e escolhia a praia melhor pra ficar. Todo domingo tinha praia, cerveja e o almoço maravilhoso da minha mãe."

A procura da praia melhor pra ficar, da areia melhor pra deitar, vai além da mera escolha territorial. Ao afirmar "eu piso onde quiser" e mais adiante "você pode pisar onde quer, que você se sente melhor", o autor garante um direito do cidadão – ao menos ali, no distrito livre e democrático que é a praia.

Aproveitando o território junto ao mar, Chico introduz a ciranda em "A praieira", não apenas como um dos ritmos que compõem a base musical, mas também inserindo, na letra, a ciranda como dança. Manifestação típica das praias, no litoral de Pernambuco, a ciranda é uma dança de roda comunitária, sem limite de participantes. A roda vai se formando com todos de mãos dadas. Girando, acompanha-se o compasso da música, elevando e baixando os braços. Versos como "você está girando melhor, garota" e "segura bem forte a mão" descrevem exatamente modos e movimentos da ciranda.

"Todo mundo criança dançava. E acontece durante o ano inteiro", lembra Lúcio. "Tinha a ciranda de Lia de Itamaracá. Era um bar e a ciranda rolava na praia. A roda, às vezes, tinha umas cinquenta pessoas. E era motivo de paquera. Você escolhia a menina e entrava na roda só pra segurar a mão dela." É fácil imaginar a cena. Afinal, mesmo não morando à beira-mar, Lúcio, Chico, Jorge e, às vezes, Dengue eram "praieiros". Saíam de Rio Doce com uma prancha velha para pegar onda em Del Chifre, no tempo em que não havia nem tanto lixo nem tubarões.

Praieiro é quem mora junto à praia e, por extensão, quem faz dela seu habitat. Praieiro é também o nome dado aos rebeldes da revolução que Chico vai lembrando na letra – a Revolução Praieira. Iniciada em 1848 em Pernambuco, foi assim chamada por conta da localização do *Diário Novo*, que ficava na rua da Praia. O jornal veiculava as propostas dos membros mais radicais do Partido Liberal recifense. Os "praieiros" lutavam pelo voto livre e universal, liberdade de imprensa e o trabalho como garantia de vida, entre outros ideais contidos no "Manifesto ao Mundo". Curioso pensar que muitas décadas depois a turma do Mangue também formularia seu manifesto, o "Caranguejos com Cérebro".

Além de citar a Revolução Praieira, a letra ainda faz menção ao Iluminismo no verso "há fronteiras no jardim da razão". Era na valorização da razão que se baseava o movimento intelectual surgido no século XVIII na Europa, estendendo sua influência a outros países, inclusive o Brasil. Em "A praieira" temos, portanto, alguns exemplos de como Chico conectava temas, a princípio tão distantes, dos prazeres cotidianos – praia, cerveja, se deitar na areia, dançar ciranda – a reflexões mais profundas – ideais revolucionários, iluministas.

"Chico fez uma analogia da ciranda com a Revolução Praieira. A revolução tem que unir todo mundo e a ciranda se dança de mãos dadas", destaca Lúcio. Para o guitarrista, a música tinha apelo mais forte como primeiro single do que "A cidade". "A praieira" foi, oportunamente, indicada pela gravadora para integrar a trilha sonora de Tropicaliente, telenovela produzida pela Rede Globo para o horário das 18 horas. A novela era gravada em Fortaleza, no Ceará, porém o Nordeste apresentava ares caribenhos. No ar entre maio e dezembro de 1994, ela garantiu uma boa execução da música nas rádios.

Faixa seis: Samba Makossa
(Chico Science)

Samba Maioral!
Onde é que você se meteu antes de chegar na roda, meu irmão?
A responsabilidade de tocar o seu pandeiro
É a responsabilidade de você manter-se inteiro
Por isso chegou a hora dessa roda começar
Samba Makossa da pesada, vamos todos celebrar
Cerebral, é assim que tem que ser
Maioral, é assim que é, bom da cabeça e um foguete no pé
Samba Makossa, sem hora marcada, é da pesada
Samba, Samba, Samba, Samba, Samba

É do samba que Chico Science extrai a temática da sexta faixa do disco, a começar pelo título. "Samba Makossa" une o ritmo brasileiro à makossa, gênero musical dos Camarões, nascido em meados do século XX, com influências do jazz e da rumba congolesa, entre outros. "Samba Makossa" tem como referência direta a "Soul Makossa", de Manu Dibango, músico e compositor camaronês. Lançada em 1972, no álbum homônimo, "Soul Makossa" virou um grande hit internacional, principalmente depois do sucesso nas pistas de dança da Europa e dos Estados Unidos. Desde então, foi regravada e inúmeras vezes sampleada por artistas como Michael Jackson, Public Enemy e A Tribe Called Quest.

Mas nem o soul nem a makossa são ritmos encontrados em "Samba Makossa". E essa foi, certamente, a música que mais sofreu transformações no estúdio. "Ela era mais rock. Eu tocava um riff mais pesado e não estava muito satisfeito", revela o guitarrista Lúcio Maia. "Contei pro Liminha, e ele falou: 'Cara, pra mim isso soa como juju music.'" Juju music? Lúcio não conhecia aquele estilo de música popular da Nigéria. Liminha então pegou a guitarra e tocou algo do gênero. Lúcio adorou. "Achei demais aquilo. Fomos gravando juntos; depois Liminha tirou a guitarra dele e deixou umas três ou quatro minhas."

Orientado por Chico, o percussionista Toca Ogan deu sua contribuição. "Ele me conheceu como tocador de ogã. E me pediu essa pegada de terreiro em "Samba Makossa". Um sample de "Brown Rice", do trompetista de jazz Don Cherry, introduz a faixa. "Metais, cuíca, foi tudo sampleado", segundo Lúcio. "E é bem provável que muita coisa tenha vindo da própria 'Soul Makossa', do Manu Dibango."

O samba, que é tratado com reverência na letra, pode ser tanto samba de roda, como a sambada de maracatu, cavalo-marinho, e até o samba de coco. Chico costumava enaltecer o samba, atribuindo a ele muitos significados. "Tem que sentir mais que é brasileiro, se deixar dançar, sambando", diz Chico no programa MTV na Estrada.

A letra se refere também a uma postura perante o samba. "Onde é que você se meteu antes de chegar na roda, meu irmão?" Exige-se compromisso de quem entra na roda. A irmã de Chico, Goretti, que morou com ele por um período, identifica traços biográficos na letra. "Esse verso, 'a responsabilidade de tocar o seu pandeiro é a responsabilidade de você manter-se inteiro', é a cara dele, traduz a seriedade que ele tinha. Gostava de se divertir, mas se fosse pra estar às sete da manhã no jornal local ou na rádio, sabia ser responsável." Goretti lembra que a música era "bem mais acelerada" e de como Chico fazia "uu-uu" no final. A descrição confere com a apresentação da banda no primeiro Abril Pro Rock, festival realizado no Recife em 1993, disponível em boa parte na internet.

Alguns versos, sutis e econômicos, demonstram a habilidade do compositor em jogar com as palavras. O melhor exemplo é "celebrar" colado a "cerebral". As duas palavras juntas reforçam as semelhanças fonéticas, causando interessante efeito sonoro. Mais que isso, atestam que o uso do cérebro, o ato de pensar, não impede você de celebrar, se divertir. Essa é mais uma maneira de Chico dizer sua máxima: "Diversão levada a sério."

E, na sequência, ele reitera essa ideia em "bom da cabeça e um foguete no pé". Além de ter a mente sã, quem gosta de samba quer sambar. O "foguete no pé" seria uma alusão à dança. Desse modo, Chico homenageia Dorival Caymmi, adaptando a letra de "Samba da minha terra": "quem não gosta de samba,/ bom sujeito não é,/ é ruim da cabeça/ ou doente do pé".

Ainda sobre Manu Dibango, anos depois de "Samba Makossa", ele iria inspirar a Nação Zumbi de outra forma. Em 1996, Chico Science & Nação Zumbi estavam excursionando pela Europa quando assistiram, pela primeira vez, a uma apresentação ao vivo de Manu Dibango. "Aquilo mudou a nossa cabeça", afirma Lúcio Maia. "A banda dele participava de tudo; o baixista, por exemplo, também cantava. Depois desse show, decidimos explorar isso na Nação, e passamos a ter Jorge e Toca cantando."

No caso de Toca Ogan, eu acrescento sua participação dançando, um show à parte no palco. "Eu fazia aquela performance com Chico. Ele me deu a oportunidade, sabia da minha vontade de dançar", conta Toca. "Eu misturava coco, frevo, samba, capoeira. Nem sabia mais o que era." Quem já viu o sujeito em ação, pode confirmar. Esse aí tem "um foguete no pé".

Faixa sete: Da lama ao caos
(Chico Science)

Posso sair daqui pra me organizar
Posso sair daqui pra desorganizar
Da lama ao caos
Do caos à lama
Um homem roubado nunca se engana

O sol queimou, queimou a lama do rio
Eu vi um chié andando devagar
Vi um aratu pra lá e pra cá
Vi um caranguejo andando pro sul
Saiu do mangue, virou gabiru
Oh, Josué, eu nunca vi tamanha desgraça
Quanto mais miséria tem, mais urubu ameaça

Peguei um balaio, fui na feira roubar tomate e cebola
Ia passando uma véia, pegou a minha cenoura
Aí minha véia deixa a cenoura aqui
Com a barriga vazia
Não consigo dormir

E com o bucho mais cheio comecei a pensar
Que eu me organizando posso desorganizar
Que eu desorganizando posso me organizar

Da lama ao caos
Do caos à lama
Um homem roubado nunca se engana

"Da lama ao caos" é a música que deixava Chico todo orgulhoso. "Uma das melhores que já escrevi", declarava em entrevistas. E não poderia haver escolha melhor para batizar o disco. Um título que funciona perfeitamente como síntese do álbum. A lama e o caos como símbolos da diversidade e da imprevisibilidade.

Chico só precisou de algumas leituras para se conectar a Josué de Castro e à Teoria do Caos e entrelaçá-los. O pernambucano Josué de Castro foi um médico e cientista social que publicou diversos estudos sobre a fome, e teve reconhecimento internacional. Defendia que "o maior drama da humanidade é o drama da fome". Chico aprendeu isso na escola? Não. Mas deveria, como ele mesmo cobrava, ao falar publicamente da importância de se informar sobre Josué de Castro. Foi o jornalista José Teles, do *Jornal do Commercio*, quem notou a semelhança. Os versos de Chico sobre injustiças sociais se aproximavam da conclusão de Josué sobre a fome: o problema está na distribuição e não no limite de produção. Instigado por Teles, Chico não perdeu tempo. "Fui até a Fundação Josué de Castro e tive o privilégio de ler *Homens e caranguejos*. Me emocionei quando li pela primeira vez sobre o ciclo do caranguejo", contou o músico em um trecho do debate sobre o legado do cientista, em Brasília, registrado no programa MTV na Estrada.

O ciclo mencionado pode ser resumido assim: os crustáceos se alimentam dos dejetos dos habitantes do mangue; estes, por sua vez, matam a fome comendo caranguejos. Publicada em 1967, a obra de ficção narra a história de "uma sociedade de seres anfíbios, homens e caranguejos, ambos filhos da lama", nas palavras do autor.

Sobre a letra da música, Chico revelou: "A forma como eu fiz é até engraçada, apesar de ser um tema sério. No fim de semana, tinha ensaio da banda. Peguei o ônibus e, no caminho de casa até o local do ensaio, surgiu 'Da lama ao caos'."

Com Teoria do Caos se deu algo parecido: pouco aprofundamento e raciocínio rápido. Chico e Mabuse se encontraram num boteco, no bairro de Rio Doce. Era de um amigo de Chico e costumavam ir até lá pra tomar caldinho e cachaça. Mabuse não lembra como foram parar na Universidade Federal, que ficava distante dali. A viagem valeu a pena. Numa das salas, estava passando um documentário sobre geometria fractal com o matemático Benoît Mandelbrot. "Parecia sessão de Woodstock no Teatro do Parque. A gente urrava! Estávamos curtindo muito aquilo", conta Mabuse. "Nesse mesmo dia, comprei uma edição da *Ciência Hoje* sobre a Teoria do Caos. A revista ficou lá no apartamento que a gente morava, largada no meio de outras coisas. Em menos de uma semana, já tinha saído dali o "Da lama ao caos".

Em linhas gerais, a Teoria do Caos propõe que mudanças mínimas no início de um evento acabam provocando efeitos imprevisíveis. Chico assimilou a ideia da "desordem organizada", transformando-a em versos. "Ele fazia isso de modo natural. Construía uma rede de significados rapidamente e que falavam muito para o povo. Isso é matador", reforça Mabuse.

O que não está implícito, cabe ao ouvinte desvendar. Procure por chié e aratu e irá encontrar tipos diferentes de caranguejo. Gabiru pode ser um tipo de rato, mas também gíria para se referir a um pária da sociedade. O caranguejo que parte em direção ao sul, deixando o Nordeste, sai da lama e vira gabiru. Ou seja, continua na miséria, vivendo no lixo. Analogias que conduzem a temas como migração e mobilidade social.

Além de ensaios e teorias, *Da lama ao caos* também foi inspirado em situações das ruas, dos centros urbanos e até mesmo num episódio vivido por Chico. Ele tinha pouco mais de 20 anos quando esteve em São Paulo, visitando um primo que morava em Sapopemba. Com a intenção de comprar um tênis, foram até o Centro da cidade. Chico, já iniciado na cultura hip hop, não queria um tênis qualquer. Como todo b-boy, desejava um Adidas. Próximo à Galeria Pajé, famosa por vender artigos sem nota fiscal, um homem ofereceu ajuda. Como a mercadoria era contrabandeada, a venda tinha de ser discreta, longe da loja. Sugeriu então levar o dinheiro e voltar com o produto. O tempo foi passando e os dois ali...

Alguma dúvida sobre o que aconteceu? Chico voltou para casa sem o cobiçado tênis, ainda mais liso de grana. A experiência rendeu um de seus versos mais famosos: "um homem roubado nunca se engana". Esse é só mais um exemplo da capacidade de Chico Science de absorver e reprocessar dados. Se ele não leu mais que dez páginas de Josué de Castro, como desconfiam alguns, não há como provar. Mas é notável que *Da lama ao caos* caminhe na mesma linha de pensamento de Josué de Castro, traduzindo à sua maneira a constatação do cientista: "Enquanto metade da humanidade não come, a outra metade não dorme, com medo da que não come."

O que parece simples, coloquial, é apenas a superfície de reflexões bem mais profundas. Como nesse trecho em que utiliza o linguajar popular ao abordar temas como a fome, o banditismo por necessidade, um miserável que rouba outro, e ainda incorpora a gaiatice do Velho Faceta:

Peguei um balaio, fui na feira roubar tomate e cebola
Ia passando uma véia, pegou a minha cenoura
Aí minha véia deixa a cenoura aqui
Com a barriga vazia não consigo dormir

Quando Lúcio ouviu esse trecho de *Da lama ao caos*, pensou que Chico estava apenas brincando. "Às vezes, quando faltava um pedaço da letra, ele costumava botar qualquer coisa. Ficava muito engraçado. De forma aleatória mesmo. Essa do balaio na feira, roubar cebola, não gostei. E falei: 'Não tem nada a ver com a música.' E ele: 'Mas tem a ver com a teoria do caos.'"

Segundo o guitarrista, *Da lama ao caos* foi sendo construída em cima da métrica cantada por Chico: "Eu fui imaginando um riff pesado de guitarra, como uma resposta. Lembro da gente no meu quarto, com Dengue junto. Quando passamos no ensaio, veio o maracatu e formatamos a canção." E entrega de onde veio aquela parada, que suspende o som em uma fração de silêncio: "Antes de gravar o disco, a gente já fazia aquela parada, que é influência do rock. Tem uma música do The Who que no final tem isso."

Para dizimar qualquer dúvida, Chico explicou o propósito de *Da lama ao caos*, no documentário *Mangue Star*: "A música em que cito Josué fala de um estado caótico, da lama e dos grandes centros urbanos, como se o homem-caranguejo saísse de um manguezal e fosse procurar outro modo de vida, em outro centro urbano. De um lado ou de outro, sempre roubado, castrado dos seus direitos, passando necessidade. É a cara de Recife, do Brasil, com tantas diferenças sociais."

Faixa oito: Maracatu de tiro certeiro
(Chico Science & Jorge du Peixe)

(Urubucevando a situação
uma carraspana na putrefação
a lama chega até o meio da canela
o mangue tá afundando e não nos dá mais trela)

De tiro certeiro, é de tiro certeiro
Como bala que já cheira a sangue
Quando o gatilho é tão frio
Quanto quem tá na mira – o morto!

Eh, foi certeiro – Oh, se foi
O sol é de aço, a bala escaldante
Tem gente que é como o barro
Que ao toque de uma se quebra
Outros não!
Ainda conseguem abrir os olhos
E no outro dia assistir TV
Mas comigo é certeiro, meu irmão
Não encosta em mim que hoje eu não tô pra conversa
Seus olhos estão em brasa
Fumaçando! Fumaçando! Fumaçando! Fumaça!
Não saca a arma não – a arma, não? a arma, não!

A arma, não? a arma, não!
Já ouvi, calma!
As balas já não mais atendem ao gatilho
Já não mais atendem ao gatilho, já não mais atendem

Era mais uma longa noite no Aeroporto Internacional do Recife/Guararapes. Como todas as outras, Jorge du Peixe cumpria seu turno como atendente do *check-in*. Atrás do balcão da Vasp, o tempo se arrastava. Para afugentar o tédio daquela rotina, Jorge lia. Entre o despacho de um ou outro passageiro, consumia livros, revistas e, principalmente, HQs. Não sobrava muita grana para comprá-los. Mas trabalhar no aeroporto tinha uma vantagem. A banca de jornais era um dos raros lugares da cidade onde chegavam títulos importados. Ia lá com frequência para saber das novidades e, claro, dar umas folheadas.

Ainda no expediente, com a mente acesa, Jorge também escrevia. Arriscava umas rimas, anotava frases soltas... E aquela seria apenas mais uma longa noite no aeroporto, não fosse por uma fumaça.

"Há fumaça em seus olhos, Boogie." A frase pipocou numa HQ de *Boogie, o seboso*, do cartunista argentino Roberto Fontanarrosa. Boogie era um mercenário, veterano de guerra que virou matador profissional. "Há fumaça em seus olhos, Boogie" ficou ecoando na cabeça de Jorge. Foi com esse estalo que começou a compor "Maracatu de tiro certeiro" – ainda sem o título definitivo. Uma semana depois, ele mostrou seus escritos a Chico. "Posso musicar?", perguntou Chico na mesma hora. Jorge concordou. Empolgado, Chico não poupou o elogio: "Isso é João Cabral pra caramba!" Se as tintas surrealistas da letra lembravam João Cabral de Melo Neto, não foi intencional. Na época, os quadrinhos eram para Jorge uma influência mais forte que o poeta pernambucano.

Jorge já tinha um mote guardado. "Quem escreve sempre tem uns fragmentos e vai emendando." O tiro certeiro que ele sacou coincide com o de outra HQ. "Samba com tiro certeiro" (*Samba con tiro fisso*, no original) traz Corto Maltese, o personagem mais famoso do italiano Hugo Pratt, em uma aventura pelo Brasil. Com seus ideais revolucionários, o pirata Corto Maltese conhece na Bahia um cangaceiro chamado Tiro Certeiro. A história avança até a chegada do capitão Corisco, futuro líder da revolta contra os coronéis e os governantes do sul. Hugo Pratt faz ainda uma referência a Glauber Rocha, quando Corto pede a Corisco que continue a luta contra o Dragão da Maldade. Curioso é que, segundo Jorge du Peixe, ele já conhecia Corto Maltese de outros episódios mas não a saga em solo nordestino.

"Maracatu de tiro certeiro e fumaça nos olhos" era o título inicial da música. Título grande porque Jorge tinha lá seus motivos. "Era em cima de cordel, que costuma ter título gigantesco. A ideia era essa, uma crônica meio absurdista."

A crônica absurdista já começa em "urubucevando", neologismo criado por Jorge. Ao unir a ave ao verbo cevar, reforça um hábito próprio da espécie, que se alimenta de outros animais mortos. Como os quatro versos iniciais não constam do encarte do disco, alguns ouvintes publicaram a transcrição em sites e entenderam como "urubuservando". O verbo observar também faz sentido, já que o urubu vive à espreita da putrefação. Dos quadrinhos, Jorge traz não só a inspiração inicial, mas a construção do texto, formatado em frases curtas, interjeições, como um diálogo travado entre dois personagens. Na gravação do disco, Jorge du Peixe participa da faixa, alternando vozes com Chico. "Não saca a arma, não – a arma, não? a arma, não!/ A arma, não? a arma, não!/ Já ouvi, calma!" Numa outra leitura, poderia ser a voz interna na cabeça do atirador, como um pensamento: "Tem gente que é como o barro/ Que ao toque de uma se quebra/ Outros não!/ Ainda conseguem abrir os olhos/ E no outro dia assistir TV." Seria ele um assassino de aluguel que classifica suas vítimas?

O surrealismo se insinua na troca dos predicados, adulterando temperaturas: "O sol é de aço, a bala escaldante." Há também uma beleza brutal e intangível escapando em meio à violência, como na "bala que já cheira a sangue".

"Maracatu de tiro certeiro" passou pelas experiências sonoras do Bom Tom Rádio e evoluiu até o repertório de Chico Science & Nação Zumbi. "Chico manteve a letra que eu escrevi e trocou só uma palavra. Era 'tem gente que é como plástico', ele botou 'como barro', revela Jorge. Quando aportou no estúdio Nas Nuvens, no Rio de Janeiro, a música já estava fechada. "Toda essa atmosfera com as guitarras, a gente já tinha registrado na fita demo. Não com o mesmo equipamento, porque o som da demo era muito tosco. Mas o riff era esse, com a sonoridade do rock. Já no estúdio, por exemplo, usei um Ebow, um aparelhinho que faz a corda vibrar e soar como violino", explica Lúcio Maia.

Com vários elementos, a dificuldade estava na hora de definir que tipo de música era aquela. Chico arriscou certa vez no programa Ensaio da TV Cultura com onomatopeia, inclusive: "'Maracatu de tiro certeiro' é uma mistura; maracatu de base, guitarras frenéticas, groove do baixo, caixa do maracatu, 'catis--catasqui-catraqui', caixa de ataque, toda essa percussão. Acho muito universal, muito diferente. E, às vezes, eu não encontro explicação pro som que a gente faz."

O berimbau que inicia "Maracatu de tiro certeiro" foi creditado a André Jungmann, que vem a ser André Jung, baterista da banda Ira!. O convite partiu de Chico, que queria, dessa forma, registrar a admiração pela banda e a amizade entre eles. "Tivemos uma fraternidade profunda, que passava pela nossa identidade pernambucana, amor pela percussão e afinidade política", recorda André. Sua última experiência com Liminha não fora nada agradável. O Ira! gravava o "Vivendo e não aprendendo", em 1986, mas a banda deixou o estúdio e terminou o disco por conta própria. "Dessa vez, o ambiente estava outro e nossa gravação correu clean, matamos em menos de uma hora."

Antes de o álbum ser lançado, "Maracatu de tiro certeiro" se tornou o segundo videoclipe da banda. Filmado em 1993, com câmeras Hi8, supera os poucos recursos técnicos com roteiro ágil e criativo. Numa das cenas, Chico surge como pastor evangélico, segurando uma Bíblia e uma arma. Um personagem se assemelha a Galeguinho do Coque, citado em "Banditismo por uma questão de classe". O criminoso teria se convertido na cadeia. A direção ficou a cargo da dupla Dolores & Morales. "Os rios crescem todos os dias, junto com a marginalidade da fome, que fazem os caranguejos ficarem espumando e os homens ficarem babando. É a espuma e a baba da fome. A geografia cotidiana mostra que Recife está afundando... na lama", preconizava Chico como pastor. Esse trecho foi suprimido na gravação do disco, mas entrava em apresentações ao vivo.

O personagem Boogie, o Seboso, o da fumaça nos olhos, além de ter inspirado "Maracatu de tiro certeiro", também remete a Los Sebosos Postizos, projeto paralelo da Nação Zumbi em que interpretam Jorge Ben Jor. A influência principal do nome veio de Marc Ribot y Los Cubanos Postizos. Jorge du Peixe explica ainda que "alma sebosa, na gíria recifense, é um cara que não vale nada. Então, somos os falsos sebosos".

Faixa nove: Salustiano song
(Lúcio Maia e Chico Science)

Uma das músicas que surgiram durante a gravação do disco, "Salustiano song" é uma faixa instrumental de apenas 90 segundos. O estúdio Nas Nuvens virou um verdadeiro "parque de diversões" para a banda, que pela primeira vez teve acesso a recursos técnicos e instrumentos. Lúcio aproveitou o Ebow, "brinquedinho" apresentado por Liminha, e começou a explorar seus efeitos na guitarra. Aquele som contínuo, com a corda vibrando, chamou a atenção de Chico. "Assim que ele ouviu, já teve a ideia de fazer uma levada. Fomos para outra sala, onde estavam os tambores, e começamos a tocar juntos", revela Lúcio sobre a "vinhetinha" que criaram dentro do estúdio.

Pode ser só uma vinhetinha, mas diz muito sobre o processo de criação do grupo, da naturalidade como surgiam algumas canções, de como Chico fazia música sem tocar um instrumento, e da contribuição fundamental dos músicos, compondo em conjunto.

Mesmo sem letra, a faixa se integra perfeitamente ao repertório de *Da lama ao caos*, abarrotado de referências, citações e homenagens. No caso, o título homenageia Mestre Salustiano, compositor, exímio rabequeiro e um dos maiores conhecedores da cultura pernambucana. Doutor *honoris causa*, deixou como legado a preservação de vários folguedos populares. Para isso, idealizou a Casa da Rabeca do Brasil, formando assim novas gerações. Mestre Salu, como era chamado, foi o fundador da Piaba de Ouro, tradicional nação de maracatu do estado. Criou também o Espaço Ilumiara Zumbi, frequentado no período natalino por Chico, que ia ver os encontros de cavalo-marinho. Folguedo típico da Zona da Mata Norte de Pernambuco, o cavalo-marinho é composto por música, dança e teatro e reúne mais de setenta personagens.

Em "Salustiano song", Chico não só reverencia o artista, como também o amigo que conheceu ainda moleque, quando não tinha noção da sua importância. Era outro Salu, aquele que ajudava as pessoas a mudar de lugar, literalmente. O Salu que "pegava frete" e, certo dia, foi parar à porta de seu Francisco Luís França, na época vereador de Olinda.

"Eu tinha um caminhão velho, e fui fazer a mudança do pai de Chico. O apartamento era no terceiro andar e o guarda-roupa não passava na porta. Só se fosse pela janela. Chiquinho dizia: 'Isso vai cair.' E o pai: 'Você tá idiotando. Isso não cai de jeito nenhum. A corda é nova.' Eu disse que podia fazer, mas avisei: 'Boto na responsabilidade do senhor.' Chamei os homens, amarrei bem. Mas quando desceu a primeira porta, o guarda--roupa caiu em pedaços. E o velho: 'Perdi o guarda-roupa.' E Chiquinho: 'Cá-cá-cá-cá. Pai, o senhor perdeu porque quis'", diverte-se Salustiano ao lembrar do episódio. "Aí, pronto, Chico pegou amizade comigo. 'Ô mestre, tenho vontade de aprender maracatu, ciranda...' Vai lá aprender comigo."

Além do aprendizado musical, Mestre Salustiano forneceu ainda o figurino de Chico Science para a turnê internacional com o álbum *Da lama ao caos*. "A primeira vez que ele viajou pra fora, emprestei a roupa do caboclo do maracatu. Toma, leve a mais bonita. E ele falava lá: 'Isso aqui é Mestre Salustiano, Pernambuco, Brasil'", imita, todo orgulhoso, em cena do documentário *Influências musicais (Memórias de Chico Science)*.

Mestre Salu é considerado uma espécie de patrono do Manguebeat. Sobre as críticas de que Chico e outros músicos da nova geração estariam se apropriando de sua arte, dizia: "Quem bebe nessa fonte, algum retorno traz. O povo diz: 'Mestre, você está dando seu saber, não tem medo?' Ao contrário, isso faz crescer o meu nome."

Faixa dez: Antene-se
(Chico Science)

É só uma cabeça equilibrada em cima do corpo
Escutando o som das vitrolas, que vem dos mocambos
Entulhados à beira do Capibaribe
Na quarta pior cidade do mundo
Recife, cidade do mangue
Incrustada na lama dos manguezais
Onde estão os homens-caranguejos
Minha corda costuma sair de andada
No meio da rua em cima das pontes
É só uma cabeça equilibrada em cima do corpo
Procurando antenar boas vibrações
Preocupando antenar boa diversão

Sou, sou, sou, sou, sou Mangueboy!

Recife, cidade do mangue
Onde a lama é a insurreição
Onde estão os homens-caranguejos
Minha corda costuma sair de andada
No meio da rua, em cima das pontes
É só equilibrar sua cabeça em cima do corpo

Procure antenar boas vibrações
Procure antenar boa diversão

Sou, sou, sou, sou, sou Mangueboy!

"Antene-se" é, talvez, a única faixa do disco em que um único ritmo sobressai, sendo mais fácil de identificar no amálgama sonoro da banda. É um funk. E a escolha foi deliberada, segundo o guitarrista Lúcio Maia. "A gente queria fazer um funk pra botar no disco. Chico tinha essa letra, Dengue veio com aquele 'tudutudu' no baixo, e começamos a trabalhar nela essa ideia. Algo que remetesse ao funk, propositadamente."

Na letra, encontram-se várias citações que se conectam ao mangue, como cena e conceito, e a cidade de Recife. A começar pela origem do título, que vem da imagem-símbolo do movimento – uma antena parabólica fincada na lama. Esse tipo de antena possibilita a transmissão e recepção de dados, praticamente em tempo real. O que essa imagem simboliza, afinal? O desejo de captar o que vem de todo o Universo e fazer a conexão com a cultura local, com o mangue. E transmitir também essa cultura local para todo o planeta. Se pensarmos que a parabólica alcançava até mesmo regiões mais distantes dos centros urbanos, como periferias, vilarejos, a imagem ganha ainda outro significado – os quintais do mundo podem ser acessados via satélite.

Quando a antena deixa de ser objeto e se transforma no verbo antenar, o autor propõe que cada um vire agente nessa rede de informações. E o faz de modo imperativo. Antene-se! Como se cada indivíduo fosse uma antena. Remete também à gíria "estar antenado", bem informado. Vale observar que é também pelo par de antenas que o caranguejo se orienta.

Caranguejo é outra imagem simbólica do movimento presente na letra. O verso que cita os "homens-caranguejos" faz referência direta ao livro homônimo de Josué de Castro, ficção que retrata o mimetismo entre as duas espécies. Já "minha corda costuma sair de andada" é uma expressão que saiu do glossário do mangue. Corda é turma. De andada é sair à noite. A origem são as cordas de caranguejos, onde os catadores amarram os crustáceos, enfileirados. E "andada" é o período em que os caranguejos machos e fêmeas saem das tocas para acasalamento. Chico ouviu a expressão na infância, em Olinda. "No fim da minha rua tinha um mangue. Os garotos falavam que tinha 'caranguejo de andada'. Era quando eles saíam das malocas durante as trovoadas, e o pessoal aproveitava pra pegá-los", diz Chico à TV Viva.

O glossário, criado por Renato Lins e Fred Zero Quatro, acabou saindo na imprensa. "Era mais pra preencher, dava um floreado. A gente usava mais no início da cena, mas só algumas coisas pegaram", afirma Lúcio. O termo "mangueboy", por exemplo, sobreviveu à tiração de onda da turma e se popularizou no refrão da faixa: "Sou, sou, sou mangueboy!" "A gente usou um efeito na voz, para soar meio radiofônico."

Nos versos "que vem dos mocambos/ entulhados à beira do Capibaribe/ na quarta pior cidade do mundo", Chico retrata a péssima qualidade de vida da cidade. Ele sintetiza os dados de uma pesquisa feita pelo Instituto de Estudos Populacionais de Washington, divulgada em 1990. Nela, Recife aparecia como a "quarta pior cidade do mundo para se viver". A notícia mexeu com a autoestima da cidade, e acabou motivando uma reação que iria eclodir na cena mangue, "onde a lama é a insurreição".

E até mesmo na quarta pior cidade do mundo havia um alento: o som das vitrolas, as boas vibrações, a boa diversão podiam ser captados, reforçando o mantra de Chico: "Diversão levada a sério."

Uma curiosidade: num registro ao vivo, de 1992, Chico já esboçava alguns trechos da letra de "Antene-se", como um improviso sobre a base musical da banda. "Eu sou uma antena enfiada na lama, em contato com o mundo. Sou uma antena e posso sentir as boas vibrações que vêm de vocês, mangueboys e manguegirls. Sou uma antena e fiquei feliz por aquele filho da puta ter saído daquele lugar... Nós somos uma antena e vamos tocar aqui sempre. Mesmo se não conseguirmos gravar um disco, vamos nos divertir o tempo todo. Sou um caranguejo enfiado nessa lama... e o caranguejo tem que malocar, o dia tá raiando..."

E assim Chico se despediu, com um adeus sem cerimônia endereçado provavelmente a Fernando Collor, que "saiu daquele lugar" de presidente, depois do processo de *impeachment*.

Faixa onze: Risoflora
(Chico Science)

Eu sou um caranguejo e estou de andada
Só por sua causa, só por você, só por você
E quando estou contigo eu quero gostar
E quando estou um pouco mais junto eu quero te amar
E aí te deitar de lado como a flor que eu tinha na mão
E a esqueci na calçada só por esquecer
Apenas porque você não sabe voltar pra mim

Oh, Risoflora!
Vou ficar de andada até te achar
Prometo meu amor vou me regenerar
Oh, Risoflora!
Não vou dar mais bobeira dentro de um caritó
Oh, Risoflora, não me deixe só

Eu sou um caranguejo e quero gostar
Enquanto estou um pouco mais junto eu quero te amar
E acho que você não sabe o que é isso não
E se sabe pelo menos você pode fingir
E em vez de cair em tuas mãos preferia os teus braços
E em meus braços te levarei como uma flor
Pra minha maloca na beira do rio, meu amor!

Oh, Risoflora!
Vou ficar de andada até te achar
Prometo, meu amor, vou me regenerar
Oh, Risoflora!
Não vou dar mais bobeira dentro de um caritó
Oh, Risoflora, não me deixe só

"Risoflora" é a única canção de amor do disco. E que bela e insólita canção de amor. Escrever uma letra que transborda romantismo seria natural para Chico, "um cara apaixonado", na definição dos amigos. O que surpreende é como ele vincula ao enredo amoroso elementos da temática que perpassa todo o disco. Uma história de amor no mangue!

A concepção musical também contribui para reforçar esse elo com as demais faixas. Libertada da costumeira suavidade das canções de amor, "Risoflora" abriga-se na potência sonora característica da banda, marcada por guitarras, baixo e rufar de tambores. Desse modo, a faixa se encontra habilmente inserida no repertório de *Da lama ao caos*, tanto pela sonoridade quanto pelo universo.

Segundo o guitarrista Lúcio Maia, "Risoflora" foi a única apresentada por Chico com letra e música prontas. "Ele me mostrou uma música que tinha feito tocando violão, já com a harmonia. Achei bonita, mas sugeri que ficasse mais pra cima, mais pesada."

"Essa música fala da paixão de um pescador marginal por uma lavadeira." Era assim que Chico anunciava "Risoflora". O nome foi adaptado de uma planta típica dos manguezais, *Rhizophora mangle*. A letra pode ter uma interpretação dúbia dos personagens. É um pescador ou é um caranguejo que se apaixona? Risoflora é a tal lavadeira ou uma flor? E se o pescador fosse um homem-caranguejo?

O verso "não vou dar mais bobeira dentro de um caritó", por exemplo, remete propriamente ao caranguejo, já que caritó é a gaiola onde ficam retidos até crescerem o suficiente. Mas, se for entendido como metáfora, caritó sugere que o pescador – marginal, como Chico o descreveu – já esteve detido. Outra alusão ao mangue com duplo significado é a palavra maloca, que, além de ser um tipo de habitação precária na beira do rio, é também o lugar onde os caranguejos ficam entocados.

"Risoflora" passeia entre o lirismo e o realismo fantástico, cheia de entrelinhas nebulosas. Ao mesmo tempo, é capaz de cativar o ouvinte com versos extremamente simples, com declarações e promessas que povoam tantas canções de amor. Como exemplo, o verso "prometo, meu amor, vou me regenerar", que faz uma citação, talvez involuntária, de um samba de Ismael Silva, "Se você jurar/ que me tem amor/ eu posso me regenerar". Por esse lado, a canção parece mais talhada para a voz de Vicente Celestino do que a de Chico Science.

Esse é outro aspecto que distingue "Risoflora" das outras músicas do disco. Em geral, não existe muita variação no modo de Chico cantar. Como sua escola de canto foi o rap, tudo que se aproximava da métrica, do ritmo, do fluxo de um MC é confortável para sua voz. Em "Risoflora", Chico arrisca um tom impostado, ainda que sua extensão fosse limitada. Um rapper tentando soar como um crooner. "Essa deu um pouco de trabalho pra gravar, exatamente porque ele não tinha esse domínio", observa Lúcio. "Ele sempre foi um cara que queria cantar mesmo, mas sabia das suas limitações. A referência dele era James Brown, Leonard Cohen, Nick Cave, cantores de verdade, fora os caras do rap."

O guitarrista lembra que Chico vinha compondo canções de amor desde a banda Orla Orbe, mas nada digno de nota.

"Teve um tempo em que ele parou de falar de amor e começou a escrever de uma forma mais panfletária. Mas nunca deixou de ser extremamente romântico, chorão por causa de mulher."

"Risoflora" não escapa da mítica que envolve canções de amor em que a figura feminina tem nome próprio. Após o lançamento do disco, ao ser inquirido sobre a musa inspiradora, Chico desconversava dizendo que fez a música "para todas as manguegirls". Àquela altura, ele já não era mais o namorado de Maria Eduarda Belém, ou Maria Duda, "a Risoflora".

Maria Duda conheceu Chico numa festa no edifício Capibaribe, no Recife, para onde ele acabara de se mudar. "Como esse cara é metido", pensou. Demorou um tempo para desfazer essa primeira impressão e o namoro engatar. "Minha teimosia é uma arma pra te conquistar", cantava para ela, evocando os versos de Jorge Ben. Duda percebeu que a presunção do rapaz era excesso de confiança. "Ele acreditava muito no que fazia. E se não fosse isso, nada teria acontecido com a banda." Duda acompanhou a evolução de Chico como artista. Os primeiros shows com a Nação Zumbi na cidade. O contrato com a gravadora Sony. Lançamento no Circo Voador, no Rio. Ela esteve com Chico em vários momentos. "O primeiro autógrafo que Chico deu na vida foi no supermercado Bom Preço, em Recife. Ele foi reconhecido por um funcionário", lembra Duda, assim como se recorda dos caderninhos em que Chico anotava tudo, de letras até instrumentos que iria expressar através de muganga, esboço de arranjo musical. "Até no ônibus ele escrevia." Quando viajava sem ela, mandava cartão-postal. Na trilha do namoro, Cocteau Twins, Durutti Column, Fellini... "Chico me apresentava muita coisa. E ao que ele tinha acesso, era 100% de aproveitamento."

Durante o período que estiveram juntos, entre 1992 e 1994, houve um desentendimento. "Quando eu voltei de viagem, a gente se reencontrou e Chico me entregou aqueles versos, escritos num pedaço de papel de computador, que ele trazia da Emprel, onde ainda trabalhava. Pegou o violão e tocou a música pra mim, meio sem jeito com o instrumento." Maria Duda me conta isso com a mesma tranquilidade em que coloca a dúvida: "Mas pode ter sido feita para outra menina... não sei..."

No perfil de Chico Science, publicado na *Revista da Folha*, em julho de 1994, ele se refere a Maria Duda como sua namorada, "para quem fiz a música 'Risoflora'". O encarte de *Da lama ao caos* não deixa dúvidas. No final da extensa lista de agradecimentos está escrito: Maria "Risoflora" Duda.

Sobre o amor, disse Chico certa vez no programa Ensaio, da TV Cultura, em 1996: "Eu sou um cara amoroso. Quando penso no amor, penso em papai, em mamãe, minha irmã, minha filha... e em você... vivo pensando em você..."

Faixa doze: Lixo do mangue
(Lúcio Maia)

Uma das últimas a entrar no disco, "Lixo do mangue" foi concebida no estúdio Nas Nuvens, durante as gravações de *Da lama ao caos*. Lúcio Maia assina sozinho a faixa instrumental, que traz lembranças da época em que o rock figurava no topo das suas preferências musicais. "Lá nos primórdios, no Orla Orbe, eu ouvia mais rock mesmo. Com Loustal já foi um momento de abrir a cabeça, de todos nós. Chico trouxe Beatles pra banda. E pirou no The Who. A gente gostava das bandas de rock dos anos 60, as inglesas, com psicodelia. Uma época, meados dos anos 80, ouvia muito o Metallica. Dengue também curtia uma metaleira. Slayer, Iron Maiden... Já Chico não era fã de rock pesado."

Paulo André, o empresário da banda, que já gostava de rock pesado, fosse punk, metal ou hardcore, identificou naquele som algo que lhe era familiar. "Era tão pesado quanto qualquer thrash metal. Ficou bem mais agressiva que a música "Da lama ao caos". Thrash metal é um subgênero do metal, mais veloz e furioso. A palavra *thrash* quer dizer surrar, açoitar. Não deve ser confundida com *trash*, que significa lixo. A partir dessa semelhança, Paulo André sugeriu: "Faz um trocadilho, já que *trash*/lixo remete ao mangue." Chico acatou a ideia e batizou a faixa de "Lixo do mangue". E, como era de costume, ampliou o significado do título, justificando até os gritos adicionados à música.

"Vejo uma poluição muito grande nos manguezais do Recife. Por isso, essa música frenética, com samples e gritos como se alguém estivesse pedindo socorro", disse Chico à Discoteca MTV. Segundo o encarte do disco, os samples foram disparados por Chico Science e os gritos foram creditados ao produtor Liminha. "Durante a gravação, Liminha deu um grito, típico de vocal metaleiro, bem clichê mesmo. Por acaso, ficou gravado e sampleamos. Acabou entrando duas versões do mesmo grito", revela Lúcio.

Faixa treze: Computadores fazem arte
(Zero Quatro)

Computadores fazem arte
Artistas fazem dinheiro
Computadores avançam
Artistas pegam carona
Cientistas criam o novo
Artistas levam a fama

Já sabemos que Chico Science & Nação Zumbi iniciaram as gravações do disco de estreia com repertório incompleto. Metade das músicas já eram tocadas em shows, outro tanto eram esboços. Ainda assim precisavam de música para fechar o álbum. É aí que entra "Computadores fazem arte", de Fred Zero Quatro. "Lembro de quando escutei a demo da Mundo Livre S/A, no começo dos anos 90, e achei essa música bem bonita. Na hora de completar o disco, era como se estivesse no nosso inconsciente. Porque fazia muito sentido pra gente o lance da tecnologia tomando conta da arte", conta Lúcio, frisando que Fred escreveu a letra muito antes de os computadores realmente se tornarem acessíveis. "Ele foi profético. Recife acabou se tornando um polo de informática."

A versão de "Computadores fazem arte", registrada pela banda de Fred Zero Quatro, era bem diferente da feita por Chico

Science & Nação Zumbi. "A deles era bem rock and roll; a nossa fizemos com maracatu e ciranda", nota o guitarrista. Para Fred, a versão dele tem "batida mais quebrada, coisa meio latina, uma salsa hardcore".

A origem da música remonta à época em que Fred tirou férias e pôs o pé na estrada. "Eu trabalhava na rádio Transamérica, em Recife. Quando a programação virou brega, pedi demissão e fui para São Paulo ver o Iggy Pop no Projeto SP. E ninguém fica imune a um show de Iggy Pop. Aquilo me inspirou muita coisa." Depois de passar um tempo na cidade, fazendo bico de pesquisador do Datafolha e camelô no Masp, ele voltou para Recife e tirou sua banda do recesso. A Mundo Livre S/A, formada em 1984, ganhou então "uma pegada mais pesada".

Com shows esporádicos, Fred aproveitava até lugares inusitados. "Xico Sá lançava livro e chamava a gente. Não tinha nem palco. Não lembro se Chico conheceu a música em um desses shows ou foi em algum ensaio. E logo ele se ligou na letra."

O que motivou Fred a compor sobre o tema foi uma pesquisa sobre a palavra arte. "A origem mesmo vem de técnica. E domínio técnico é dúbio, porque tanto tem a ver com a parte industrial, o *know how*, como a da inspiração. Ao mesmo tempo, meu amigo Helder (DJ Dolores) trabalhava como designer gráfico na TV Viva, em Olinda, e tinha acesso ao computador mais avançado na época. Daí passou a fazer cartazes e panfletos da banda. Era a materialização da arte visual, que muito me impressionava. Juntei com pesquisa de semiótica e me veio essa expressão. É bem o conceito da Mundo Livre S/A, de tirar onda com o capitalismo."

Desde o começo da cena mangue, a tecnologia sempre esteve dentro do radar de interesses da turma, explícito até no texto do manifesto e na imagem da parabólica na lama. Lembrando que a Bom Tom Rádio, de Chico, Mabuse e Jorge, era um projeto experimental de música eletrônica. Mas tecnologia no início dos anos 1990 era algo quase inacessível.

"A Nação Zumbi foi comprar seu primeiro computador depois da primeira viagem à Europa. Trouxeram um PC alemão, um trambolho", recorda Dolores. Além de ilustrador, o DJ já experimentava suas primeiras animações com computador. "Música e tecnologia eram igualmente importantes. Duas formas de você se afirmar como parte de um mundo muito mais vasto que Recife. Mas a tecnologia era mais imaginada que presente. Uma cena marcante foi um show de Naná Vasconcelos. Fomos eu e Chico. Naná ficava sozinho no palco e usava um pedal. Fazia um som, gravava, entrava em loop, compassos curtos, várias camadas. 'Meu Deus, isso é um sampler!' Fomos pra casa, juntamos uns pedais e passamos a madrugada tentando repetir o que Naná fez, de tão fascinante que soou pra gente."

Antes de assinar contrato com a Sony, Chico contou a Fred que pretendia gravar sua música. "Só fui ouvi-la pela primeira vez quando o disco ficou pronto. Não chegaram a tocá-la em shows", lembra Fred, que só gravou sua própria versão de "Computadores fazem arte" no *Guentando a ôia*, o segundo disco da Mundo Livre S/A, lançado em 1996.

Faixa catorze: Coco dub (Afrociberdelia)
(Chico Science)

Cascos, cascos, cascos
Multicoloridos, cérebros, multicoloridos
Sintonizam, emitem, longe
Cascos, cascos, cascos
Multicoloridos, homens, multicoloridos
Andam, sentem, amam
Acima, embaixo do Mundo
Cascos, caos, cascos, caos
Imprevisibilidade de comportamento
O leito não-linear segue
Para dentro do universo
Música quântica?

A última faixa do álbum traz um detalhe bem particular. Ela se despede anunciando o próximo passo. Ali, embutido no subtítulo, está o nome que irá batizar, dois anos depois, o sucessor de *Da lama ao caos* – Afrociberdelia. Isso se tornou público depois, quando o segundo disco de Chico Science & Nação Zumbi estava em preparo. Até então, somente a banda sabia dessa intenção.

Por mais peculiar que seja, o nome Afrociberdelia não saiu da cabeça de Chico. De acordo com Lúcio, ele veio por "um cunhado de Mabuse, um nerd da computação. Ele ouviu nossa fita demo e inventou essa palavra: 'Esse som de vocês é afrociberdélico.' Achamos a ideia excelente. E já pensamos que seria um bom título para o segundo disco, um aviso de que o caldo ficaria mais grosso".

Unindo África, cibernética e psicodelia, a nova palavra trazia um conceito pertinente à proposta do grupo, como Chico explicaria mais tarde, numa entrevista dada à MTV. "Afro, o ritmo básico das nossas batidas; ciber, o lado tecnógico que usamos nas músicas; psicodelia, está nas letras e nas guitarras."

Ainda sobre o título, "Coco dub" aponta de modo explícito para alguns ritmos retrabalhados pela banda, visto também em outras duas faixas, "Samba Makossa" e "Maracatu de tiro certeiro". Agora é o coco, ritmo tradicional do Nordeste, e o dub, estilo musical da Jamaica. Essa união não foi proposital. Um efeito típico do dub, como o delay, surgiu por acaso no estúdio, fruto do contato com equipamentos a que jamais haviam tido acesso. Lúcio Maia estava tirando um som da sua guitarra nova, quando percebeu que saía um efeito diferente do amplificador. "Primeiro, veio esse 'taranran-ranran-ran', um som que se repetia. Depois, teve um delay da guitarra que me lembrou um triângulo. No ensaio, antes do Chico chegar, começamos a tocar juntos, desenvolver aquela ideia. Quando Chico ouviu, achou do caralho, e fez a letra depois."

Nesse ponto, "Coco dub" se diferencia do processo de criação, em que a letra vinha antes. Em geral, Chico apresentava uma letra e um esboço da música para ser finalizada em conjunto com a banda. Mas o modo de compor a letra não foge do usual. Chico associa temas e ideias captadas das mais diversas fontes, nessa que é a letra mais fragmentada do álbum, e, não por acaso, psicodélica.

O mote para o início de "Coco dub" veio de uma situação cotidiana – uma ida à esquina para comprar cerveja. Lá pelos idos de 1992, quando morava com o amigo Mabuse no edifício Capibaribe, na rua da Aurora, em Recife, Chico foi trocar garrafas de cerveja vazias por cheias. No elevador, ao ouvir os cascos de vidro se batendo, tentou verbalizar aquele barulhinho: "Cascos, caos/ cascos, caos/ cascos, caos." Aquilo fazia algum sentido. A Teoria do Caos ainda estava fresca em sua mente. "Isso foi um pouco depois de Chico compor 'Da lama ao caos'. Impressionante como ele processava as informações", observa Mabuse. Prova de que Chico se interessava por todo tipo de som, "da buzina de carro ao acid jazz", como dizia. É curioso como, no mesmo verso, ele ainda faz referência à cerveja, bebida que irrigou tantas conversas da turma e gerou ainda o famoso verso de "A praieira".

A letra, além da Teoria do Caos, cita a ciência não linear no verso "o leito não linear segue" e a física quântica em "música quântica?". A atração pelo conhecimento científico faz jus à alcunha que Chico adotou como nome artístico: Science. A psicodelia é sugerida na palavra multicoloridos, alusão aos efeitos visuais provocados por substâncias lisérgicas.

A fome, objeto de estudo de Josué de Castro, tema recorrente nas letras, ressurge em "Coco dub". Entre camadas de instrumentos, efeitos e samples, ouve-se alguém dizendo "Dona Maria, tô com fome". É a voz do próprio Chico, modificada pelo sampler. "Ele fez como se fosse um moleque pedindo esmola na rua. Dona Maria pode ser qualquer senhora", comenta Lúcio. Incorporar a linguagem das ruas de Recife à sua poética é outra característica que se nota nas letras do compositor, assim como o rap reproduz a dos guetos e periferias.

Talvez o maior elogio a "Coco dub" tenha vindo da *Spin*, revista americana especializada em música. Na edição de fevereiro de 1996, na resenha do álbum *Da lama ao caos*, o crítico afirma: "'Coco dub' é o que a jungle music deveria ser, Fela Kuti dirigindo um satélite no espaço." Isso numa época em que o jungle, gênero de música eletrônica surgido na Inglaterra, estava no auge.

PARTE 3

"Quando o caminho se bifurca, escolha o menos percorrido."
— Chico Science,
citando o poeta americano Robert Frost.

32. Da lama para o mundo

No camarim do Circo Maluco Beleza, em Recife, já não cabia mais nada. Os tambores disputavam espaço com outros instrumentos, e os músicos mal conseguiam circular por ali. De repente, alguém grita: os discos chegaram! Em poucos segundos, já estavam todos debruçados sobre as caixas de papelão.

Nove de abril de 1994. Chico Science & Nação Zumbi eram uma das atrações da segunda edição do Abril Pro Rock. Paulo André, criador do festival e então empresário da banda, recebeu a remessa trazida pela equipe da gravadora Sony. "Foi lá que a gente viu o disco pronto, vinil e CD, pela primeira vez."

Da lama ao caos chegava às lojas naquele mês de abril, em três formatos diferentes. Além dos já citados vinil e CD, também foi fabricado em fita cassete. O single "A cidade" precedeu o lançamento do álbum, dando a partida para o trabalho de divulgação montado pela gravadora. "Eram artistas que vieram prontos, com imagem própria, figurino, material gráfico. Cabia a nós descobrir o caminho para apresentar aquela maravilha", exalta Alice Pellegatti, na época gerente de marketing do selo Chaos. O contrato com o selo garantia todo o suporte de uma multinacional como a Sony Music. O que significa até um departamento de marketing exclusivo. Chico não só entendeu onde estava pisando, como foi além. "Entrou no show business, tem que arrebentar. A ideia é massificar mesmo", disse à revista *General*, em 1994.

A maratona de divulgação começou em Recife, onde gravaram com Regina Casé para a estreia do Na Geral, seu novo quadro no Fantástico. Logo após o Abril Pro Rock, a banda rumou na direção do sudeste para participações em programas de TV, como Faustão e Jô Soares. As ideias do mangue estavam, enfim, chegando às massas. Nem sempre o conceito era bem entendido. Mas era com bom humor que encaravam qualquer situação, como esta que Alice presenciou: "Fomos encontrar com uma equipe de TV num manguezal. Quando chegamos lá, vejo um monte de mangueiras. Era um mangueiral! Todo mundo deu risada. Sorte é que no meio da estrada tinha uma antena parabólica gigante. E a matéria acabou saindo de lá."

Chico, como porta-voz da banda, se mostrava cada vez mais desenvolto nas entrevistas. Sabia driblar todo tipo de provocação. Certa vez, um repórter da *Folha de S.Paulo* o indagou sobre seu "bizarro nome artístico": "Você acha que está em moda ao adotar o nome Chico Science? É síndrome de Carlinhos Brown?" E lá ia Chico explicar que ganhou o apelido de um amigo por conta da alquimia dos ritmos etc. e tal.

De modo geral, *Da lama ao caos* foi bem recebido pelos jornalistas, que já conheciam parte do repertório do disco pelos shows bombásticos da banda. Mas essa impressão inicial acabou sendo um problema por conta da inevitável comparação. Algumas críticas apontavam que o registro em estúdio não representava o que a banda rendia no palco. Sobrou para Liminha. Seria ele, como produtor musical, o responsável por minimizar a potência dos tambores.

Até Chico deixou escapar certa insatisfação em entrevista ao jornal *O Globo*, embora rebatesse com outros motivos: "Os tambores, que dão a base rítmica, perderam um pouco do peso. Além disso, tem o lance do nosso visual e da movimentação no palco. Tem muita malandragem que não dá pra passar no disco." Hoje, com distanciamento, Lúcio desconfia que a banda sofreu influência da opinião alheia. "Teve muito comentário maldoso. Gente que chegava e dizia: 'Cara, ao vivo é outra coisa, Liminha não captou a parada.' Passamos a achar que o resultado não foi bom. Mas antes disso tava todo mundo feliz."

Ciente do impacto das apresentações ao vivo, a equipe de marketing investiu nos shows de lançamento, no Rio e em São Paulo. A lista de convidados contava com jornalistas, formadores de opinião e outros músicos. Na capital paulista, em parceria com a MTV, a gravadora armou, literalmente, um circo. Bonecos de papelão com a imagem dos integrantes, com patas de caranguejo, se espalharam pelo Circo Escola Picadeiro. "Todo mundo estava contente com aquela infraestrutura", diz Jorge du Peixe, lembrando que "uma pá de gente foi sacar de perto".

A gravadora bancou também um videoclipe para "A cidade", a primeira música a ser trabalhada com alta rotatividade na MTV, emissora que desde o início abriu espaço para Chico Science & Nação Zumbi. Lembrando que, por sugestão da Sony, "A praieira" entrou para trilha de Tropicaliente, da TV Globo. A novela estreou em maio, bem próximo ao lançamento do disco, e se estendeu até o fim do ano. "Mesmo tocando em novela, soava estranho", avalia Lúcio Maia. Em 1994, alguém cantar – na novela das seis – "uma cerveja antes do almoço..." era até uma ousadia.

Depois de todo esse aparato promocional, esperava-se um aumento de popularidade significativo da banda, o que não

A cidade, o primeiro clipe feito pela Sony, em registro do cineasta Kleber Mendonça Filho, em visita ao set de filmagem em Suape, 1993.

ocorreu. Havia um território a ser conquistado: as emissoras de rádio. *Da lama ao caos* encontrou uma forte resistência entre a maioria dos programadores de rádio em todo o Brasil. As emissoras voltadas para o pop ou rock consideravam o som da banda muito "regional". Para as rádios mais populares, ou as que tocam ritmos nordestinos, tinha guitarras demais. "A praieira", por conta da novela, chegou a ser até mais executada que "A cidade". Mas nem chegavam perto das posições alcançadas por Cidade Negra ou Skank, seus colegas de gravadora. Chico ficava inconformado, como recorda sua irmã, Maria Goretti: "Uma vez, no sítio dos nossos pais, a gente estava no carro e ele botou o *Da lama ao caos*. E falou: 'Como que esse disco não toca no rádio?'"

Pela lógica de mercado, a venda de discos estava atrelada à execução maciça nos meios de comunicação, principalmente nas rádios. Com todo o investimento, a expectativa da gravadora era alta em relação a *Da lama ao caos*. "Esperavam por um novo axé, talvez. Que a banda fosse um fenômeno popular. E foi longe disso. O disco era conceitual demais para um público direcionado", avalia Lúcio.

Tantas vezes propalado na imprensa, o "estouro" de Chico Science & Nação Zumbi não se consolidava comercialmente. Música em novela, clipe, matérias em jornais e revistas contribuíram para causar a sensação de sucesso estrondoso. No entanto, a vendagem do produto, o que conta realmente para a gravadora, continuava fraca.

De acordo com Paulo André, isso não comprometeu a agenda de shows. "O que atrapalhava era o fato de ter 11 pessoas voando de Recife pra qualquer lugar. Como ficava caro ir e voltar, passamos uma temporada num albergue da juventude, no Bixiga, em São Paulo. Ocupamos três quartos. Era inverno e a gente passava o maior frio. Virou nossa base pra shows no interior do estado, além de Rio de Janeiro e Curitiba."

Aos poucos, *Da lama ao caos* foi sendo consumido ao vivo, por um segmento de público tão fervoroso na plateia quanto a banda no palco. O que ninguém podia imaginar é que um desses shows se transformaria no "passaporte para o mundo".

Em agosto de 1994, Chico Science & Nação Zumbi foram escalados para um festival de world music em Salvador. Impressionados com o que viram, alguns jornalistas estrangeiros foram até o camarim depois do show. Um deles, Sean Barlow, do *Afro Pop Worldwide*, entregou a Paulo André um guia com os principais festivais de world music, rádios, casas noturnas. "Aquilo virou minha bíblia", relembra o empresário. Motivado pelo interesse dos jornalistas, ele vislumbrou uma chance e montou uma estratégia com o que tinha nas mãos. "Tirei xerox das capas de caderno de cultura daqui, das matérias gringas que citavam a banda, juntava com o CD e mandava pelo correio pros endereços do guia", conta. A sorte estava lançada.

O escritório de Paulo André ficava no seu próprio quarto, em Recife. O telefone para contato de shows, impresso no encarte do *Da lama ao caos*, era residencial. Nessa época, seu padrasto estava prestes a realizar uma cirurgia no coração, no Texas (EUA). Um aparelho de fax, que acabara de adquirir, seria útil para ambos. Quase ao mesmo tempo, foram saindo do aparelho resultados de exames médicos e o primeiro convite de um festival internacional para Chico Science & Nação Zumbi. Paulo foi logo contar a novidade. "Precisava dar uma injeção de ânimo. Com intervalo de 15 dias sem fazer shows, Chico já dizia: 'Meu irmão, não vou ter grana pro aluguel. Vou voltar pra Emprel. Não, bróder, tenha calma.' Quando cheguei no ensaio com o fax do Sfinks Festival, da Bélgica, ele abriu aquele sorriso."

Na casa de Paulo, outra injeção de ânimo: além da cirurgia do padrasto ter sido bem-sucedida, foram chegando mais convites para apresentações na Europa e nos Estados Unidos, entre eles o festival SummerStage, em Nova York. Com uma turnê internacional se desenhando, Paulo foi conversar com a gravadora. "Não acharam boa ideia. Diziam que era muito cedo para pensar no exterior. Queriam mais resultado no Brasil." Mais resultado leia-se vendagem do produto. Paulo respondeu que não podia negar o convite, alegando o bem que iria fazer à banda. Saiu da reunião sem o apoio para a viagem, mas com muita convicção.

Do governo de Pernambuco veio o auxílio financeiro para a compra de 11 passagens aéreas, Recife/Bruxelas, via Nova York, da Vasp. A agenda de shows já aumentara de tamanho. Entre junho e agosto de 1995, a banda se apresentaria em festivais de verão e casas de shows de quatro países europeus – Alemanha, Suíça, Holanda e Bélgica – e de duas cidades norte-americanas, Nova York e Miami. Emprestado da tradução do título do álbum, a turnê ganhou um nome: From Mud to Chaos – World Tour'95. Com pouco mais de um ano, *Da lama ao caos* seguiria para sua mais inesperada aventura.

Nova York foi a primeira parada como convidados do Central Park SummerStage, o festival de verão que acontece ao ar livre no famoso parque da cidade. "É nossa estreia mundial. Toda uma turnê armada pela banda. Dá um friozinho, mas é bom, positivo pra caramba", conta Chico Science à produtora pernambucana RTV, que registrou o show e os bastidores. Prestes a realizar um sonho, ele completa: "É muito legal trazer todos os sons da terra, de uma maneira contemporânea, pra mostrar pra outras pessoas. É uma responsabilidade."

O SummerStage ainda traria uma surpresa, tanto para a banda quanto para o público. Gilberto Gil e Chico Science & Nação Zumbi iriam dividir o mesmo palco. É preciso deixar claro que a banda não "armou" o encontro, nem a gravadora, e muito menos o festival. Partiu do próprio Gil a iniciativa de se juntar com "aqueles meninos novos de Pernambuco". Em entrevista para este livro, em 2015, Gilberto Gil declarou: "Me causou uma impressão muito forte. A expressividade nordestina, a modernidade, o pop contemporâneo, a consciência manifesta das grandes dificuldades da vida social do homem brasileiro, do homem do mundo. Tudo isso e muito mais."

Quando soube que estavam escalados para o evento, Gilberto Gil então solicitou que a banda pernambucana e ele tocassem na mesma data. "Dia 18 de junho. Manhã ensolarada de domingo. Situação propícia para a presença dessa força tropical do Brasil. Eu com um prestígio já consolidado e o Manguebeat chegando para se associar a esses quadros modernos da música de fusão", relembra Gil.

Com o visual que virou sua marca – bermuda estampada, meião, tênis Bamba, chapéu de palha e óculos escuros –, Chico subiu ao palco com a Nação Zumbi, sem fazer qualquer concessão. O álbum *Da lama ao caos* foi quase todo apresentado ali, com a coreografia particular do cantor e a indumentária do caboclo de lança do maracatu. Na plateia, entre americanos e brasileiros, estavam Nelson Motta, Arto Lindsay e Béco Dranoff. Produtor musical radicado em Nova York, Béco conta que "a banda chegou no SummerStage com força total. Os tambores, a guitarra do Lúcio e o carisma de Chico! A audiência entrou em delírio e o show bombou. Depois, no final do seu show, Gil chamou Chico de volta ao palco, gerando um momento de muita alegria, um encontro de gerações para o mundo ver".

O encontro se deu na base do improviso, com Gil puxando versos sobre mangue e lama, propondo um diálogo com Chico, que o seguia cantando e dançando. Esse momento histórico virou especial de TV e, mais tarde, deu origem ao documentário *Chico Science – Um caranguejo elétrico*, de 2016.

O crítico do *New York Times* Neil Strauss não só elogiou a performance da banda, como fez suas previsões: "Chico Science & Nação Zumbi pode cumprir o que apenas um seleto grupo de músicos, incluindo Gil, conseguiu fazer: criar uma música híbrida capaz de evoluir e virar um estilo que um dia será hibridizado por outra geração." O comentário do jornalista traz semelhanças com o que Gil me disse sobre a intenção do encontro: "Achei interessante enfatizar as origens comuns do nosso trabalho, o esforço do tropicalismo, e sua continuidade tão bem representada por aqueles meninos novos de Pernambuco. Foi um dia inesquecível!"

Béco Dranoff também não esqueceu. Um ano depois, como produtor da coletânea Red Hot + Rio, escalou a banda para o projeto, entre nomes como Tom Jobim e Milton Nascimento. Ali, no SummerStage, Béco era o *tour manager* internacional de Gilberto Gil, e seguiu com o músico pela Europa, cruzando com Chico & Nação em alguns festivais. Sobre o empresário da banda, ele atesta: "Paulo André fez um trabalho incrível, inventando um caminho internacional totalmente indie, como ninguém havia feito até então."

Antes da Europa, havia outras datas fechadas em Nova York, onde a banda permaneceu por 11 dias. Quando Bill Bragin, produtor do SummerStage, ligou para oferecer 1.500 dólares e duas noites de hotel, o empresário abriu o jogo. Precisava fazer mais shows na cidade, caso contrário ficariam uma semana parados até voar para a Bélgica. Não teriam como se sustentar. Bill ajudou nos contatos e tudo se resolveu. Conseguiram uma data no SOB's, abreviação de Sounds of Brazil, o tradicional bar onde se ouvia do hip hop ao pop africano. "Foram dois shows de cinquenta minutos. E teve até uma canja de Naná", conta Paulo André, se referindo ao pernambucano Naná Vasconcelos, considerado um dos melhores percussionistas do mundo.

A logística da turnê impunha um controle rígido da verba proveniente dos cachês, que já não era muito e precisava ser poupado para bancar a viagem de quase dois meses. "Não tinha van, mas conhecemos um brasileiro que transportava a gente. Ficamos hospedados num albergue. Era um dormitório com 12 camas." Na falta de telefone no quarto, foi a recepção quem recebeu a mensagem: a produção do JVC Jazz Festival estava atrás da banda. Foram encaixados de última hora e fizeram um set de quarenta minutos. O dia não podia ser mais apropriado. O festival programou um domingo voltado para o jazz-rap e o funk com Groove Collective e Ohio Players.

Outro show marcante foi o do CBGB, o berço do punk-rock nos anos 1970. "Era uma noite com umas seis bandas, e nem entramos no flyer de divulgação. O lugar era um inferninho americano, sem camarim nem porta no banheiro, mas era o CBGB", reconhece o empresário. O lendário muquifo, no início dedicado ao country, bluesgrass e blues – daí a sigla –, entrou para a história ao abrigar a emergente cena underground nova-iorquina. Ramones, Patti Smith, Television, Blondie... São apenas alguns nomes que passaram pelo mesmo bar de paredes sujas e grafitadas que naquela noite receberia Chico Science & Nação Zumbi. Mas o melhor ainda estava por vir.

A banda aguardava na calçada a hora do show, do lado de fora do CBGB. Estava meio escuro e não deu para ver direito quem se aproximava. Um cara numa bicicleta, com a namorada na garupa, sentada de lado. Igual no Brasil, feito mulher de peão, pensaram. O cara chega mais perto e acena para o grupo. "Meu irmão, quem é esse doido que tá dando tchau pra gente?" O cara da bicicleta estaciona e vai na direção de Hilly Kristal, o dono do CBGB. Os dois se cumprimentam como amigos de longa data. Fazia tempo que não se viam. O cara da bicicleta conhecia bem aquele lugar. Nos anos 1970, ele tocou ali com sua banda, a Talking Heads. O cara da bicicleta era David Byrne.

Ainda naquela semana em Nova York, Lisa, assistente de David Byrne, fez contato. "Ele quer encontrar com vocês." E lá foram Paulo André e Chico Science para o escritório da Luaka Bop, o selo que Byrne fundou em 1989 para lançar artistas do mundo todo. Um dos feitos do selo foi ter revitalizado a carreira de Tom Zé, mostrando até mesmo para os brasileiros a sua relevância. Agora, David Byrne queria os pernambucanos no seu selo. A negociação acabou emperrada por questões contratuais. "A Sony brasileira só licenciava um disco para a concorrência se a Sony daquele território dissesse não haver interesse", explica Paulo André. "Como a Sony Internacional teve interesse, o *Da lama ao caos* saiu por um selo da companhia, de Miami, junto com outros artistas latinos que nada tinham a ver com a gente. O selo do David Byrne chamaria muito mais atenção."

Além de admirá-los, David Byrne demonstrava uma compreensão mais ampla de Chico Science & Nação Zumbi. "Eles fizeram sucesso sozinhos. Trabalharam incrivelmente duro. Vieram fazer shows na América e na Europa quase por conta própria, sem apoio da gravadora. E nós amamos eles. Eu falava para as pessoas ouvirem", disse à *Folha de S.Paulo*, em 1997. Sobre Chico Science, Byrne afirmou que "ele representava algo novo na música brasileira. Os elementos do rock estavam lá, mas também os tambores do maracatu. A maneira como ele juntou isso, seus textos, letras, a atitude, tudo isso fez dele algo novo. Não foram esses elementos que o fizeram novo, mas a maneira como conseguiu juntá-los".

Com o lançamento no mercado internacional – Japão, Europa e Estados Unidos – *Da lama ao caos* continuou arrebatando críticas extremamente positivas. A revista norte-americana *Spin* publicou: "Esses brasileiros devem ser a banda de rock mais ritmicamente avançada que já existiu. *Da lama ao caos* começa onde o Fall parou. Mas a batucada da Nação Zumbi faz as baterias germânicas do Fall parecerem rígidas: 'Samba Makossa' mistura o turbilhão sonoro de Manu Dibango com pássaros da floresta, 'Risoflora' remete ao funk tropical, o canto expansivo e as congas do África Brasil, de Jorge Ben... E, ainda assim, é rock."

Durante a turnê europeia, uma mudança em relação à classificação da banda começa a ser notada. No renomado Festival de Montreux, na Suíça, Chico Science & Nação Zumbi não tocaram na noite brasileira, com Gal Costa e João Bosco. Estavam programados para a Ska, Jump & Crazy Night, ao lado de The Busters e The Specials. Paulo André lembra que Chico não se conteve: "Ele chorou quando soube que ia tocar com The Specials. E a gente ainda fechou a noite, por incrível que pareça." Aquela noite foi considerada um marco na carreira internacional da banda. "Foi ali que rompemos a barreira da world music", analisa o empresário. Ouvindo o áudio do show, disponível no YouTube, dá para captar a vibração da plateia. Chico até solta um "I say mangueeee" e recebe o coro do público de volta. Apesar do cansaço de viajar de uma cidade para outra, das longas distâncias de trem e ônibus, os shows estavam cada vez mais vigorosos.

Depois de 54 dias entre a Europa e os Estados Unidos, a turnê From Mud to Chaos chegava ao fim, já rendendo frutos, como o convite para o festival Les Rencontres Trans Musicales, em dezembro, na França. O encontro com Gilberto Gil se repetiria no 1º VMB, a premiação de videoclipes da MTV, em agosto de 1995. Juntos, eles cantaram a então inédita "Macô", de Chico Science, Jorge du Peixe e BiD, música que entraria no álbum seguinte da banda, *Afrociberdelia*, também com participação de Gil.

Mesmo recebendo cachês, a turnê foi mais lucrativa como promoção do que financeiramente. Seriam 15 shows, a princípio, mas, conforme os convites foram surgindo, fizeram 21. O que conseguiram economizar, investiram em um computador comprado na Alemanha. O saldo da turnê, na opinião de Chico Science, foi positivo. Quando o entrevistei no estúdio do programa Metrópolis, em janeiro de 1996, ele contou que "foi preciso sacrificar alguns cachês nas viagens, porque precisavam bancar os próprios custos. Mas foi muito gratificante. Plantamos uma semente, atingimos outros terrenos. Nosso som ultrapassou fronteiras. Agora já tá rolando um feedback."

Em quase dois meses de viagem, foi praticamente impossível descansar. Nas horas livres, passaram por várias experiências – algumas prosaicas, outras preocupantes. Teve de tudo. De detenção por mijar no muro da estação de trem até estados alterados de consciência. Era a primeira vez fora do Brasil, mas nem todos souberam lidar com as adversidades.

No início de agosto, na volta para casa, foi necessário ajustar a formação da Nação Zumbi. O percussionista Canhoto, que era menor de idade quando começou na banda, não conseguiu acompanhar a nova realidade. Naquele momento, precisavam de alguém com mais compromisso e participação. Afinal, ainda iam continuar na estrada divulgando o *Da lama ao caos*. Após a saída de Canhoto, alguns nomes foram cogitados, até que foram bater na porta de Pupillo.

Paulo André e Chico Science não encontraram ninguém em casa. Escreveram um bilhete, escorregaram o papel por debaixo da porta e partiram para os lados de Campo Grande. "Eles foram me buscar no estúdio em que eu ensaiava, com o Santa Boêmia ou outra banda instrumental", conta Pupillo, que tocava em mais de uma banda. Romário virou Pupillo, apelido dado por seu professor, logo que ele começou a tocar, aos 15 anos. Foi músico da noite, acompanhando artistas em bares. Só assim conseguia se manter apenas com a música, sem outro emprego, o que era raro entre os músicos. Mas faltava uma banda com que se identificasse. "Paulo André e Chico chegaram assim: 'Ó véio, tá a fim de ir? A gente precisava de você no ensaio agora.' Olhei pra banda e disse: 'Meus amores, fico por aqui.' E fui com eles."

Pupillo testemunhou a cena Mangue desde os primórdios. Viu a cidade se transformar. De certa forma, se sentia parte daquilo. Quando saiu o disco *Da lama ao caos*, foi para ele "um divisor de águas". "Falo como público. Eu achava que era só pra Recife que acontecia. Com o disco, estavam na novela, no Faustão, saindo em matérias... Um monte de bandas passou a usar ritmos fadados ao ostracismo. Mestre Salustiano, Dona Selma do Coco, Lia de Itamaracá reaparecendo. E lembro de uma conversa com Chico, logo depois de gravar o disco. 'Agora quero levar a turma toda', disse ele. E aí chamou Mestre Ambrósio para abrir o show. Fazia questão de não estar só."

O baterista sempre esteve por perto. Mas a agenda com outras bandas o impedia de ir "tirar um som" com os meninos, talvez até tocar no Loustal, quando Jorge assumiu a banda por um tempo. Agora ele ia ser "testado" para uma vaga na Nação Zumbi. "Cheguei no ensaio e já penduraram a caixa na minha cintura. Nunca tinha tocado naquela posição, como Canhoto fazia. 'Bicho, não vou conseguir tocar assim, não. Tá doendo pra caralho!' Era uma posição estranha pra mim, como baterista", confessa Pupillo, na época com 20 anos de idade. Voltou para casa de madrugada com a "virilha inchada", mas feliz por ter sido aprovado. E, enfim, leu o recado: "Preciso falar com você urgente." "Minha mãe até hoje tem esse bilhete", diz o baterista.

A primeira apresentação de Pupillo como membro da Nação Zumbi foi no 1º VMB, em 31 de agosto de 1995. Ali já conseguiu uma mudança. "Ainda bem que não eram feitores, e deixaram eu pôr a caixa numa estante." Depois de alguns shows, ele foi incrementando o set. "Chico já tava a fim de mexer com bateria, queria algo mais conceitual. Aí eu fui empurrando um bumbo, um chimbalzinho, depois um prato", conta, rindo. "Quando vi, já tava sentado ali, assoviando."

Uma banda que nunca teve bateria não iria apresentar certa resistência? Pupillo acredita que "os meninos da percussão talvez tenham ficado preocupados, se ia chocar com o tambor, porque tem o bumbo. Eu dizia: 'Mas eu não faço o mesmo desenho até o fim.' Tudo era parte do diálogo."

A entrada da bateria acabou alterando o modo como o repertório do *Da lama ao caos* passou a ser tocado ao vivo. "No disco, o som da caixa é mais tradicional. Comigo já tinha mais um timbre de caixa de bateria. E dava pra perceber uma diferença no jeito que Lúcio e Dengue passaram a tocar, mais pesado ainda. Ficou mais rock, eu diria. Abriu mais possibilidades também. 'Lixo do mangue', que eles não tocavam muito, passou a fazer parte dos shows, por exemplo", recorda ele.

Sobre a gravação de *Da lama ao caos*, o baterista não faz nenhuma ressalva. Ao lembrar dos shows da banda em Recife, ele analisa o salto de qualidade, não só no sentido técnico. "Os primeiros shows eram uma grande jam session. As músicas tinham versões longas, não estavam fechadas, e isso foi acontecer no disco. Tomei um tapa quando ouvi. Ali eu pude entender as músicas e as letras, tudo bem amarrado", aponta. Pupillo, que tem se dedicado cada vez mais à produção musical, fala com base na sua experiência. "Sei o trabalho que dá uma bateria toda desmembrada, e ainda era gravada em fita de rolo. Sincronizar três tambores, tecnicamente, é difícil. O *Da lama ao caos* é um marco também por isso. Não existia essa formação. Tinha Olodum com tambores de percussão, mas completamente diferente, sem guitarra nem baixo. Então, quem quer que fosse produzir ia ter dificuldade."

Com o passar dos anos, as impressões sobre o álbum foram reavaliadas pelos próprios músicos. Em entrevista ao site UptoDate, em 1996, Chico comenta: "O disco era cru, bem linear, e ultrapassou muitas fronteiras. Ele chegou a lugares que a gente não imaginava que ele fosse capaz de chegar." Lúcio analisa: "Na real, a gente queria fazer o melhor que podia, e acho que conseguimos. Na época, faltou distanciamento artístico pra perceber, por isso fomos muito críticos. Hoje, eu escuto e fico satisfeito. Não precisa mexer em nada."

O final dos anos 1990 trouxe, enfim, o reconhecimento da importância de *Da lama ao caos* por parte da imprensa especializada, com a presença em listas e enquetes de melhores da década. Nos anos 2000, outra consagração. Na eleição da revista *Rolling Stone* Brasil, dos cem discos mais importantes da música brasileira, o álbum de estreia de Chico Science & Nação

Zumbi ocupa o 13º lugar, a mais alta colocação para qualquer disco produzido depois dos anos 1970.

"Não seremos a nova onda, mas o fortalecimento do nosso trabalho pode melhorar a música no Brasil em geral", diz Chico Science em entrevista ao jornal O Globo, em abril de 1994, mês em que *Da lama ao caos* foi lançado. Podia soar pretensioso. Mas ele apenas enxergava o futuro.

33. Arte longa, vida breve

Da janela do ônibus, um policial militar vê o acidente. Ele desce para prestar socorro. O carro afundado contra um poste. O motorista gravemente ferido. Vou remontando a cena na minha cabeça. Começo da noite. No caminho de Recife para Olinda. A vítima não chegou com vida ao hospital. Não chegou com vida. Repeti a frase. Foi ontem. Domingo. Uma semana antes do carnaval.

As mãos no volante, pronta para sair, ainda parada na garagem. Eu e aquele torpor que nos acomete depois de uma notícia ruim. Fevereiro de 1997. Era segunda-feira e seguia minha rotina, rumo ao trabalho. Antes de ligar o carro, sacava o boombox Toshiba e escolhia uma fita cassete. Eram todas gravadas com seleção musical criteriosa e arte da capa feita a mão. Naquele dia, não tinha playlist que me agradasse. Ainda custava a crer. Trinta. Ele só tinha trinta anos.

Em silêncio, parti em direção à TV Cultura, onde mais tarde apresentaria o programa Metrópolis. Tentava me concentrar apenas no caminho. Até que percebi a coincidência sinistra: o carro do acidente era um Uno Mille, da Fiat, modelo igual ao que eu estava dirigindo. Sinal amarelo. Avanço ou não? Piso lentamente no freio. O que será que provocou o acidente?

Quando cheguei à redação do programa, encontrei Helga Simões, editora de música, emocionada com o texto que seguiria para a ilha de edição. Ivana Diniz, nossa repórter, pediu para escrevê-lo. Na equipe, ninguém melhor que ela. Ivana testemunhou o início da cena Mangue quando agitava com amigos o cineclube Jurando Vingar, em Recife.

O programa começou. Controlei a respiração. Sumi com o sorriso. "O cantor e compositor Chico Sc... (dei uma travada e retomei) Chico Science morreu ontem, domingo, 2 de fevereiro, em um acidente de carro..." Ao ouvir em voz alta, passei a encarar o fato: Chico morreu. Nos 7 anos em que estive no programa, não existiu notícia pior para anunciar.

Conheci Chico em São Paulo, não em camarins pós-show, nem em bastidores da TV. Em meados de 1994, quando a capital paulista servia de base para a banda excursionar pelo Sudeste, Chico saía, nas horas vagas, à procura de batidas perfeitas. A paixão pela black music – e suas mais variadas vertentes – nos aproximou. Íamos aos mesmos lugares; tínhamos amigos em comum. Além disso, eu era casada com Cadão Volpato, letrista e cantor da banda Fellini, tantas vezes reverenciada por ele.

Com aquele entusiasmo peculiar, ele podia estar na pista de dança, na plateia, ou no palco como convidado. Show da banda Unidade Bop, no Sesc Pompeia, e lá ia Chico Science dar uma canja ao lado do Eugênio Lima e do Will Robinson – os dois também DJs das noites black do Sub Club.

Encontrava Chico com frequência no Cha Cha Cha, nas terças dedicadas à black music, com pista comandada pelo veterano DJ Grandmaster Ney. Chico se portava como qualquer frequentador. Nada estrela, esbanjava simpatia. Certa vez, no show do grupo Zambasters, Chico Science subiu para uma canja. Depois, participaram também alguns integrantes do US3, Digable Planet e o próprio Guru, na época, com o Jazzmatazz. Os três expoentes do jazz-rap ou acid jazz – no auge – estavam na cidade para o Free Jazz Festival. Com uma jam session dessas, imagina a empolgação de Chico.

Zambasters era o grupo do Eduardo Bidlovski, o BiD, que mais tarde aceitaria o convite de Chico para produzir o *Afrociberdelia*, o sucessor de *Da lama ao caos*. Foi como guitarrista da banda Professor Antena que BiD conheceu Chico. Tocaram em Bauru, interior paulista, pegaram o mesmo ônibus e passaram a viagem trocando ideias musicais.

Outra vez, ficamos eu, ele e BiD batendo papo até tarde. Na hora de ir embora, ofereci carona a Chico até o Bixiga, onde a banda se hospedava num albergue. Ele achou a maior gentileza. E lá fomos nós no meu Fiat Uno. Assim que bateu o olho no meu "som automotivo" – o velho boombox –, abriu aquele sorriso. Mostrei a sacola de fitas cassete e Chico começou a vasculhar as caixinhas de Sony, TDK, Basf. Ficava lendo os títulos com voz de locutor, gaiato. Pirou numa de sambas antigos, em outra que tinha Jimmy Bo Horne, a coletânea da 2Tone... A conversa girou em torno do gosto de dirigir com ruas vazias, ouvindo um som. Chegamos ao albergue, ali na João Passalaqua. Ele agradeceu a carona mais uma vez e disse que eu precisava ir a Recife, "sentir a cidade". E foi embora. Talvez sonhando com o Galaxie Landau que iria comprar do amigo Félix Farfan, com um som automotivo possante, muito mais caro que o carro, como soube depois. Ou pensando, quem sabe, em uma certa música do Funziona Senza Vapore, a banda que Cadão Volpato montou pós-Fellini.

Ainda encontrei Chico outras vezes por São Paulo. Depois da turnê mundial do *Da lama ao caos,* no início de 1996, eu o entrevistei no estúdio do Metrópolis, mas, como era do seu feitio, não adiantou nada sobre o próximo disco.

Fiquei sabendo que "Criança de domingo" havia entrado no *Afrociberdelia* quando Cadão me contou, também surpreso. Um belo dia, Chico ligou, direto do estúdio Nas Nuvens, no Rio, e pediu que Cadão passasse a letra inteira da música, a fim de gravá-la corretamente.

Agora, ao escrever sobre o disco *Da lama ao caos*, me sinto até mais perto de Chico que antes. Segundo os suecos, as crianças que nascem domingo têm uma sensibilidade especial. Chico era uma criança de domingo.

Mais uma vez, o acaso. Durante a pesquisa, encontrei entre os meus livros a reprodução de uma carta de Mário de Andrade à sua mãe, datada de 1939. Ele descreve sua vida atribulada, entre artigos, conferências e jantares com amigos pernambucanos. E, como se justificando, diz: "Se não lhe tenho escrito é sempre por excesso de viver." Sem lembrar o motivo de ter guardado a carta, comento com Goretti, irmã de Chico, sobre seu excesso de viver. Ela, então, me conta: "Depois que Chico morreu, eu e Sonally, nossa amiga, fomos separar as roupas dele. Aí, no bolso de uma calça, achamos um papelzinho..." Goretti faz uma breve pausa: "MORREU DE TANTO VIVER. C. S. Era como ele assinava. Tava ali no bolso. Guardou para usar em alguma música... Talvez."

Referências bibliográficas

Livros

BORBA, Alfredo [et al.] *Brincantes.* Recife: Fundação de Cultura Cidade do Recife, 2000. (Coleção Malungo; v.3)

CASTRO, Josué de. *Homens e caranguejos.* São Paulo: Ed. Brasiliense, 1967.

FREYRE, Gilberto. *Guia prático, histórico e sentimental da cidade do Recife.* São Paulo: Global, 2007.

GUIMARÃES, Maria Juçá. *Circo Voador: A nave.* Rio de janeiro: Ed. Do Autor, 2013.

MARCELO D2. *Vamos fazer barulho: uma radiografia de Marcelo D2 /* [entrevista a] Bruno Levinson. Rio de Janeiro: Ediouro, 2007.

TELES, José. *Do frevo ao manguebeat.* São Paulo: Ed. 34, 2000.

VARGAS, Herom. *Hibridismos musicais de Chico Science & Nação Zumbi.* São Paulo: Ateliê Editorial, 2007.

Reportagens e entrevistas em jornais, revistas e sites

ABRAMO, Bia. Ilustrada, *Folha de S.Paulo,* 7 de setembro de 1995.

ANTUNES, Alex. Folhateen, *Folha de S.Paulo,* 21 de outubro de 1993.

CALADO, Carlos. Ilustrada, *Folha de S.Paulo,* 1 de novembro de 1993.

CARVALHO, Mário César. Ilustrada, *Folha de S.Paulo,* 9 de junho de 1993.

EDDY, Chuck. *Spin,* fevereiro, 1996.

GIRON, Luís Antônio. Ilustrada, *Folha de S.Paulo,* 31 de março de 1994.

LEMOS, Nina. Folhateen, *Folha de S.Paulo*, 9 de janeiro de 1995.
MASSON, Celso. *Revista Veja*, março de 1994.
MIGUEL, Antônio Carlos. *O Globo*, 31 de março de 1994.
SÁ, Xico; L., Renato. *Revista Trip*. São Paulo, fevereiro 2001.
SILVA, Walter de. Site UpToDate. UOL, 1996.
SÓ, Pedro. *Revista General*. São Paulo, janeiro de 1994.
STRAUSS, Neil. *The New York Times*, 20 de junho de 1995.
TELES, José. *Revista Bizz*, março de 1993.
VIEIRA, Paulo. Ilustrada, *Folha de S.Paulo*, 1997.
VOLPATO, Cadão; SCIENCE, Chico. *Revista Showbizz*, 1996.

Filmes e documentários

Josué de Castro – Cidadão do mundo. Direção: Silvio Tendler, 1995.
Maracatu, Maracatus. Direção: Marcelo Gomes, 1995.
A perna cabiluda. Direção: Marcelo Gomes, Beto Normal, Gil Vicente e João Vieira de Melo, 1997.
O mundo é uma cabeça. Direção: Bidu Queiroz e Cláudio Barroso, 2004.
Chico Science – Um caranguejo elétrico. Direção: Zé Eduardo Miglioli, 2016.
Influencias musicais – A memória de Chico Science. Direção: Eugênia Maakaroun, sd.

Programas e especiais de TV e rádio

Fanzine. TV Cultura, 1993.
Programa Livre, SBT, 1993.
Na Geral (quadro do Fantástico), TV Globo, 10 de abril de 1994.
Domingão do Faustão, TV Globo, 1994.
Programa Marília Gabi Gabriela, CNT/Gazeta, 1995.
"Movimento Manguebeat", TV Cultura, fevereiro de 1995.
Metrópolis, TV Cultura, 1996.
Vitrine, TV Cultura, 1996.
Ensaio, TV Cultura, 1996.

Toda Música, Rádio Cultura Brasil, agosto de 1996.
"FlashBlack MTV com Chico Science", MTV, 1996.
Ensaio Geral, Multishow, 2003.
"Chico Science and Manguebit", BBC Four, Inglaterra, 2008.
"Chico Science e o Manguebeat", Programa Aconteceu, Rede TV, 2011.
"Especial 15 anos sem Chico Science", MTV, 2012.
"Mosaicos – a arte de Chico Science", TV Cultura, sd.
MTV na Estrada, MTV, sd.
Discoteca MTV, sd.
"Especial Fim de Semana – Chico Science", MTV, sd.
"Chico Science – o alquimista dos ritmos", TV Jornal, SBT, sd.
"Chico Science – Mangue Star", TV Viva e TV Jornal, sd.

Videoclipes

A cidade. Direção: TV Viva, 1993.
Maracatu de tiro certeiro. Direção: Dolores & Morales, 1993.
A cidade. Direção: Guilherme Ramalho, 1994.

Shows (disponíveis no YouTube)

Abril pro Rock. Recife, 1993.
Circo Voador. Rio de Janeiro, 1994.
Circo Benetton. São Paulo, 1994.
Cais da Alfândega. Recife, 1994.
Abril pro Rock. Recife, 1995.
SummerStage, Central Park. Nova Iorque, 18 de junho de 1995.
Montreux Jazz Festival. Suiça, 1995.

Outras fontes

Ocupação Chico Science, Fanzine, Itaú Cultural, 2010.
TV Revista Cult, 2014.
Memorial Chico Science (www.recife.pe.gov.br/chicoscience).

© Editora de Livros Cobogó, 2019

Organização da coleção
Frederico Coelho e Mauro Gaspar

Editora-chefe
Isabel Diegues

Edição
Valeska de Aguirre

Gerente de produção
Melina Bial

Revisão final
Eduardo Carneiro

Capa
Radiográfico

Projeto gráfico e diagramação
Mari Taboada

CIP-BRASIL. CATALOGAÇÃO-NA-FONTE
SINDICATO NACIONAL DOS EDITORES DE LIVROS, RJ

       Calábria, Lorena
C141c Chico Science & Nação Zumbi : da lama ao caos / Lorena Calábria.
      - 1. ed. - Rio de Janeiro : Cobogó, 2019.
                                              212 p. : il. (O livro do disco)

       ISBN 978-85-5591-088-3
       1. Science, Chico, 1967-1997. 2. Nação Zumbi (Conjunto musical).
    3. Música popular - Brasil - História e crítica. I. Título. II. Série.

19-59081   CDD: 782.421640981
                                                                             CDU: 784.4(81)

Vanessa Mafra Xavier Salgado - Bibliotecária - CRB-7/6644

Todos os esforços foram empenhados na obtenção das autorizações das imagens reproduzidas neste livro. Caso tenha ocorrido qualquer omissão, os direitos encontram-se reservados aos seus titulares.

Nesta edição foi respeitado o Acordo Ortográfico da Língua Portuguesa de 1990, que entrou em vigor no Brasil em 2009.

Todos os direitos em língua portuguesa reservados à
Editora de Livros Cobogó Ltda.
Rua Gen. Dionísio, 53, Humaitá
Rio de Janeiro – RJ – Brasil – 22271-050
www.cobogo.com.br

O LIVRO DO DISCO

Organização: Frederico Coelho | Mauro Gaspar

The Velvet Underground | ***The Velvet Underground and Nico***
Joe Harvard

Jorge Ben Jor | ***A tábua de esmeralda***
Paulo da Costa e Silva

Tom Zé | ***Estudando o samba***
Bernardo Oliveira

DJ Shadow | ***Endtroducing...***
Eliot Wilder

O Rappa | ***LadoB LadoA***
Frederico Coelho

Sonic Youth | ***Daydream nation***
Matthew Stearns

Legião Urbana | ***As quatro estações***
Mariano Marovatto

Joy Division | ***Unknown Pleasures***
Chris Ott

Stevie Wonder | ***Songs in the Key of Life***
Zeth Lundy

Jimi Hendrix | ***Electric Ladyland***
John Perry

Led Zeppelin | ***Led Zeppelin IV***
Erik Davis

Neil Young | ***Harvest***
Sam Inglis

Beastie Boys | ***Paul's Boutique***
Dan LeRoy

Gilberto Gil | ***Refavela***
Maurício Barros de Castro

Nirvana | ***In Utero***
Gillian G. Gaar

David Bowie | **Low**
Hugo Wilcken

Milton Nascimento e Lô Borges | **Clube da Esquina**
Paulo Thiago de Mello

Tropicália ou Panis et circensis
Pedro Duarte

Clara Nunes | **Guerreira**
Giovanna Dealtry

Chico Science & Nação Zumbi | **Da lama ao caos**
Lorena Calábria

Gang 90 & Absurdettes | **Essa tal de Gang 90 & Absurdettes**
Jorn Konijn

Dona Ivone Lara | **Sorriso negro**
Mila Burns

Racionais MC's | **Sobrevivendo no inferno**
Arthur Dantas Rocha

Nara Leão | **Nara — 1964**
Hugo Sukman

Marina Lima | **Fullgás**
Renato Gonçalves

Beth Carvalho | **De pé no chão**
Leonardo Bruno

Os Paralamas do Sucesso | **Selvagem?**
Mario Luis Grangeia

2024

2ª reimpressão

Este livro foi composto em Helvetica.
Impresso pela BMF Gráfica e Editora
sobre papel offset 75g/m².